KB076477

고스트 아미

국립중앙도서관 출판예정도서목록(CIP)

고스트 아미: 제2차 세계대전 일급비밀부대 이야기
릭 바이어, 엘리자베스 세일스 지음; 노시내 옮김.
— 서울: 마티, 2016
320p.; 152×225mm

원표제: The ghost army of World War II: How one top-secret unit deceived the enemy
with Inflatable tanks, sound effects, and other audacious fakery
원저자명: Rick Beyer, Elizabeth Sayles

참고문헌과 색인수록
영어 원작을 한국어로 번역
ISBN 979-11-86000-37-3 03900: ₩18,000

제2차 세계 대전[第二次世界大戰]
미국 육군[美國陸軍]

942.072-KDC6
973.917-DDC23
CIP2016019875

제2차 세계대전
일급비밀부대 이야기

고스트 아미

릭 바이어, 엘리자베스 세일스 지음
노시내 옮김

마티

1945년 독일 라인 강 근처에 배치된 고무 전차와 고무 트럭들. 심지어 타이어 자국도 가짜로 냈다.

기만전술은 효과적인 마술과도 같다.
일어나지 않는 일을 일어난다고 믿도록 사람들을 속이는 작업이다.

들어가며:
이번엔 어떤 역을 연기하는건데?

부대원들은 군인이라기보다 쇼맨에 가까웠다.
마치 최전선을 따라 이동하며 순회공연하는 것과 비슷했다.
— 제23본부 특수부대 공식 기록

빛의 도시 파리를 떠나 동진하던 그들이 만난 잉크 빛 어둠은 곧
시커먼 도로를 집어삼켰다. 반궤도 장갑차, 트럭, 지프의 행렬은 밤을
뚫고 맹렬히 전진했다. 휴식은 잠시뿐, 회색빛 새벽녘에 이동을
재개했다. 1944년 9월 15일 정오. 제23본부 특수부대는 370킬로미터를
이동했고, 이제 룩셈부르크와 독일을 가르는 국경 부근에서 모젤
강변을 따라 움직이는 중이었다. 춥고 비가 내렸다. 40년 만에
최악으로 기록될 그해 겨울 강추위를 예고하는 듯했다. 미군의
긴장감은 이해할 만했다. 강 건너 동쪽으로 불과 3킬로미터 거리에
독일군이 있다고 들었기 때문이다. "드문드문 분산 배치된 기병중대
하나를 제외하면 이쪽 최전방에서는 우리가 유일한 부대였다." 밥
톰킨스 병장이 일기에 남긴 기록이다. "적의 전선이 정확히 어디인지
아무도 모른다." 그들은 '베템부르크'(Bettembourg)라는 암호명이 붙은
중요하고도 위험한 작전을 수행하기 위해 파리에서 이곳으로 긴급히
파견되었다.

그들의 임무는 독일군을 관객 삼아 일종의 공연을 해내는
것이었다.

다시 말해, 수많은 전차와 강한 공격력을 자랑하는 제6기갑사단인
척하면서 조지 패튼 장군의 전선에 난 빈틈을 메우는 역할이었다.
그러나 제23본부 특수부대에 진짜 전차는 한 대도 없었고, 갖고 있는
가장 강력한 무기라곤 50구경 기관총이 전부였다. 미술가, 디자이너,
무선통신사, 엔지니어로 구성된 이 배역진은 진짜 무기 대신 고무로
만든 가짜 무기와 세계 최첨단 음향 효과 장치와 예술적 창의력으로
무장한 채 작전에 임했다. 얼마나 연기를 잘 해내느냐에 자신들의
생명이 달려 있음을 그들은 잘 알고 있었다. 만약 독일군이 속임수를
알아채면, 이 경무장 미니 부대를 순식간에 제압해버릴 수 있었다. 밥
콘래드 중위는 "독일군 기갑사단으로부터 우리 부대를 보호하는 것은
희망과 기도뿐"이었다고 회상한다. 그러나 다른 군인 수천 명의 목숨이
걸린 일이기도 했다. 독일이 미군 쪽 전선이 얼마나 느슨한지 깨달으면
전선을 뚫고 패튼 장군을 후방에서 공격할 수 있었다.

고스트 아미가 제작한 모조 차량들.

고스트 아미 부대원 1,100명 가운데 일부의 모습이 담긴 사진들.

이른바 '고스트 아미'(유령부대) 대원들에게 이것은 평범한
일상이었다.

이 일급비밀부대가 전장에 투입된 때는 1944년 6월이다. 노르망디
상륙작전 개시일로부터 몇 주 후였다. 그로부터 9개월간 이 부대는
노르망디에서 라인 강에 이르는 구간에서 수차례 기만전술을
수행했다. 미군 공식 기록은 이 부대에 관해 이렇게 언급한다.
"부대원들은 군인이라기보다 쇼맨에 가까웠다. 진짜 전투부대인 척
연기하며 최전선을 따라 순회공연하는 것과 비슷했다."

이들의 임무는 일급비밀이어서 다른 미군 부대조차 그들의 존재를
잘 몰랐다. 하지만 이 부대는 스물한 차례의 개별 기만작전을
수행하면서 훌륭한 연출기법과 교묘한 속임수로 수천 명의 생명을
구했다. 다양한 작품을 무대에 올리는 극장의 연기자처럼, "그래
이번엔 우리가 어떤 역을 연기하는 건데?" 하며 작전에 임했다.
그러고는 위험한 최전방에서 특정한 목적에 알맞게 맞춤형 멀티미디어
쇼를 준비했다. 때로는 가짜 사령부를 세우고 장군으로 변장하는 등
연기에 몰입했다. 모젤 강변을 따라 패튼 장군의 전선을 확보한 뒤
벌지 전투에서 독일군의 포로가 될 뻔한 적도 있었다. 가장 화려한
기만전술은 1945년 3월, 미군 두 개 사단이 라인 강을 돌파할 때
독일군이 정확한 도강 위치를 파악하지 못하도록 교란하는 임무를
이행하면서 펼쳐졌다.

그들의 임무는 초현실에 가까웠다. 그러나 그것은 이 놀라운
일화의 일부일 뿐이다. 시각적 기만을 위해 모집된 이 부대 소속
예술가들은 짬이 날 때마다 부대의 모험을 수천 점의 그림으로 기록해
자신들이 싸운 전쟁에 관해 독특하고도 통절한 시각자료를 남겼다.
전후 고향으로 귀환한 장병들은 각각 미술가, 조각가, 디자이너,
일러스트 화가, 건축가가 됐다. 그중 패션디자이너 빌 블라스나 화가 겸
조각가 엘즈워스 켈리, 야생동물 전문화가 아서 싱어처럼 유명해진
이들도 꽤 많다.

종전 후 30년, 아직 이 이야기가 비밀로 유지되고 있던 시기에

그들의 임무를 연구한 어느 미군 분석가는 그들이 수행한 기만술이 발휘한 효과에 감탄했다. "그렇게 소수의 병사가 대규모 군사행동의 결과에 그토록 큰 영향을 미친 경우는 지극히 드물다."

고스트 아미 출신 참전군인 딕 시러큐스의 표현대로 그들은 "세실 B. 드밀 용사들"[세실 B. 드밀은 「십계」 「삼손과 데릴라」 등 수많은 대작을 남기며 1930~50년대를 풍미했던 미국 영화감독 — 옮긴이]이었다.

이 책은 그들의 이야기다.

고스트 아미에 흔했던 화가 출신 병사 조지프 맥 병장은 목캔디 박스에 물감을 담아 보관했다.

마치 숨어 있는 듯이 보이도록 연출한 모조 전차.

나의 사기꾼들

사기꾼의 임무는 적을 때려눕히는 것이 아니라
속여 넘기는 것이다. — 랄프 잉거솔

1

모든 군대는 기만전술을 연습한다.
그렇지 않으면 승리할 수 없다는 것을 알기 때문이다.
— 웨슬리 클라크 미 육군 장성

랄프 잉거솔은 기만전술가가 되기에 완벽한 자질을 갖춘 사람이었다.
창의력이 풍부할 뿐 아니라 남을 대담하게 속이는 재주가 있었다.
"그렇게 총명하면서도 뻔뻔한 거짓말쟁이는 생전 처음 봤다니까요."
동료 기만전술가 웬트 엘드리지는 잉거솔의 전기를 쓰던 로이
홉스에게 이렇게 말했다. "원하는 것을 얻어내려고 온갖 거짓말을
서슴지 않았죠." 잉거솔은 유령부대를 만들자는 착상을 자기가 했다고
주장하는 유일한 인물이다. 그에 대한 평판을 감안하면 의심스러운
점이 있으나, 고스트 아미가 탄생하던 현장에 그가 있었다는 사실만은
확실하다. 그리고 그게 온전히 그만의 아이디어가 아니었다 해도
계획에 상당한 창의적 기여를 했다는 데는 의심의 여지가 없다.
　전쟁이 발발하기 전 랄프 잉거솔은 유명 저널리스트이자
베스트셀러 저자였다. 마치 스타들 주변에 파파라치가 꼬이듯 그의
주변에는 논란 많은 사건이 끊이지 않았다. 호치키스 사립고와 예일
대학교를 졸업한 그는 『뉴요커』 편집주간, 『포춘』 발행인을 거쳐
잡지사 『타임』의 국장을 지냈다. 『라이프』지 창간에도 결정적인
역할을 했지만 차츰 적도 많아졌다. 그는 『타임』을 떠나 뉴욕에서
『PM』이라는 혁신적인 좌파 성향의 신문을 창간하고 1면 사설에서
선언했다. "우리는 남에게 갑질하는 세력을 거부한다." 『뉴욕타임스』는
잉거솔에 관해 이렇게 묘사했다. "잡지 만들기, 전쟁 취재, 여성편력
그리고 무엇보다 스스로 갑질에 능통하신, 엄청난 정력을 자랑하는
자기중심주의자." 그는 자기가 차린 신문사의 스타 기자 행세를 하면서
이오시프 스탈린과 윈스턴 처칠을 직접 만나기도 하고 백악관에서

프랭클린 D. 루스벨트 대통령과 어울리며 다른 기자들에게 스스로 기삿감이 되어주었다.

전쟁이 발발했을 때 잉거솔은 40대였다. 관할징병위원회에 의해 입대가 결정되자 그는 목청 드높여 항의하다가 (그는 출판인은 면제돼야 한다고 여겼다) 결국 포기하고 입대했다. 처음에는 육군 이등병 신분이었으나 곧 참모장교로 진급하여 북아프리카에서 근무하고, 돌아와 베스트셀러『전투는 보상이다』(*The Battle is the Pay-Off*)를 집필했다. 1943년 후반에 잉거솔 대위는 런던에 있던 미 육군본부 작전처에 배치됐다. 그는 영국군 기획참모들과 함께 다양한 기만전술을 기획해 미군의 활동이 영국군의 전반적인 작전계획과 잘 맞물리도록 하는 임무를 맡았다.

그는 물 만난 고기처럼 기만전술 기획에 임했다. 회고록『가짜 스파이』(*The Counterfeit Spy*)의 저자 세프턴 델머 영국군 방첩장교에 따르면, "잉거솔은 이 일에 첫눈에 매료됐다. 그는 곧 미군을 대표하는 기만전술의 대가가 됐다." 그는 어떤 긴급사태에 직면해도 아이디어가 바닥나는 일이 없었다. 민간인 시절 다트머스 대학에서 가르쳤던 웬트 엘드리지는 이렇게 말한다. "무슨 문제가 생길 때마다 그가 조금만 궁리하면 뭔가 해결책이 나왔다. 매번 남보다 두세 수는 앞서가고

랄프 잉거솔.

1

2

1 공기주입식 모조 전차.
2 공기주입식 모조 병사도 제작되었으나 움직임이 전혀 없어 속임수가 드러날 위험이 컸기 때문에 거의 활용되지 못했다.

있으니 대학교수 된 입장에서 여간 거슬리는 일이 아니었다."

독일군에게 디데이 상륙지점을 속이기 위해 엄청난 공을 들인 영국군의 '포티튜드(Fortitude)' 작전도 잉거솔이 참여한 기만작전 가운데 하나다. 고무로 된 가짜 상륙주정, 이중첩자, 허위 무선메시지 송신 등 각종 속임수를 이용해, 독일군으로 하여금 조지 패튼 장군의 부대가 노르망디가 아니라 파드칼레 지역에 상륙할 것이라고 믿게 하는 것이 목적이었다.

잉거솔은 이 경험을 계기로 전장에서 다양한 착각을 불러일으키는 기만전술부대 아이디어를 떠올렸다고 미출간 회고록에서 밝힌 바 있다. "나의 해법은 대대 정도의 규모만으로 보병군단이나 기갑군단 규모인 양 위장하자는 것이었다…. 적의 판단에 영향을 줄 만큼 위장술에 능통한 전문가로 구성된 일급비밀 대대가 필요했다." 그는 이 부대를 "나의 사기꾼들"이라고 불렀고 그와 같은 부대를 조직하는 일을 "내 조국 군대에 대한 나의 독창적인 기여"라고 표현했다. 그리고 이렇게 덧붙였다. "처음 이 아이디어를 떠올렸을 때 실현 가능성이 적다고 보긴 했지만, 그래도 국방부 기획자들이 그 가치를 전혀 몰라줬다면 경악했을 것이다."

자신의 성취를 과장하는 잉거솔의 버릇은 유명했다. 『타임』에서 그와 함께 일한 존 쇼 빌링스는 잉거솔을 "진짜 황당한 방식으로 자화자찬을 해대는 사람"이라 평했다. 실제로 고스트 아미는 잉거솔 한 사람만의 아이디어가 아니었다. 이 계획의 실현에 주요한 역할을 했던 협력자는 잉거솔의 직속상관이던 빌리 해리스 대령이었다.

해리스 대령은 자기 과시적인 잉거솔과는 여러모로 극과 극인 인물이었다. 그는 진중하고 고지식한 웨스트포인트 육군사관학교 졸업생으로, 아버지도 장군, 삼촌도 장군인 군인 집안 출신이었다. 자신도 언젠가는 장군이 될 터였다. 어머니 룰루 해리스는 1916년 포트 샘 휴스턴 미군기지에서 당시 젊은 육군 중위였던 드와이트 D. 아이젠하워에게 훗날 아내가 될 매미 다우드를 소개했다. 잉거솔은 해리스를 "건방진 왜소남"이라 불렀고 "상상력이 없고 무례하다"고

여겼다. 그럼에도 두 사람의 협력은 순조로웠다. 잉거솔이 대담하고
엉뚱한 기만술 아이디어를 잔뜩 내놓으면, 해리스가 지닌 군인 자질과
기강이 그것을 실행 가능한 형태로 다듬었다.

그들은 다른 군사작전 기획자들의 조언을 얻어, 약 1,100명 규모의
부대를 창설하려고 했다. 실제보다 20~40배 규모인 보병사단이나
기갑사단으로 위장할 능력을 지닌 병사들로 그 부대를 채운다는
계획이었다. 전쟁이 종료된 직후 서배스천 메시나 상병은 『우스터
데일리 텔레그램』 기자에게 이렇게 설명했다. "아주 간단해요.
제xx사단이 특정 지역을 장악한 상태라고 해봅시다. 그러면 비밀리에
우리가 그곳으로 이동하고, 거기 있던 사단은 다른 데로 떠납니다.
그다음 우리는 모든 면에서 충실하게 제xx사단인 척 흉내를 냅니다….
그럼 독일군은 내내 자기들 앞쪽에 있다고 믿었던 제xx사단한테
갑자기 10킬로미터 후방에서 뒤통수를 맞는 거죠." 랄프 잉거솔은
'기만'(deception)이라는 용어는 고스트 아미가 수행한 작전에 비추어
잘못된 용어라고 보았다. "옳은 용어는 '조종'(manipulation)이어야
한다. 적군의 심리를 조종해 잘못된 판단을 내리도록 유도하는
기술이다."

트로이 목마 이야기로도 알 수 있듯 기만전술—혹은
조종전술—의 역사는 장구하다. "모든 군대는 기만전술을 연습한다.
그렇지 않으면 승리할 수 없다는 것을 알기 때문"이라고 군 역사에
정통한 전 나토 최고사령관 웨슬리 클라크 미군 퇴역 장성은 말한다.
미군 장성들은 유리한 고지를 점령하기 위해 기만술을 자주
활용해왔다. 1777년 1월 영국군의 계략에 넘어간 것처럼 보이던 조지
워싱턴 장군은, 소수의 병사를 시켜 모닥불을 피우고 땅 파는 소음을
내어 마치 다음 날 아침 교전에 임할 준비를 하는 것처럼 보이도록
연출하면서 실은 부대 전체를 영국군 후면으로 이동시켜 급습하는
세심한 작전을 이행했다. 1862년 남북전쟁 때는 남군의 조지프 E. 존슨
장군이 북군의 공격을 억제할 요량으로 버지니아 주 북부 최전선에
나무 대포를 설치해 남군이 엄청난 화력을 갖춘 것처럼 위장했다.

제2차 세계대전 초기에는 영국군이 북아프리카에서 효과적인 기만전술을 구사했다.

그러나 고스트 아미는 조금 달랐다. 이 부대에서 대위로 복무하고 나중에 소장으로 퇴역한 조지 렙은 오로지 기만작전만 전문적으로 실시한 부대라는 점에서 역사상 초유의 부대라고 설명했다. "나폴레옹이든, 카이사르든, 리 장군이든 전부 자기 휘하의 전투부대 중 일부를 활용해 기만작전을 구사했지요. 하지만 일단 작전이 완료되면 그 부대는 다시 일반 전투부대가 됩니다. 반면에 우리 부대의 임무는 오로지 기만작전 하나였습니다."

고스트 아미의 독특한 점은 그 외에도 두 가지 더 있다. 하나는 시각, 음향, 무선송신 등 멀티미디어를 동시에 활용함으로써 적이 아무리 다방면으로 첩보활동을 해도 모든 정보가 일관되게 허위사실을 유지하도록 기만작전을 기획했다는 점이다. 또한 높은 이동성을 자랑하여 한 지점에서 며칠간 기만작전을 수행한 다음 금방 장비를 챙겨 다른 장소로 이동해 완전히 다른 형태의 기만작전을 수행했다. 실제로 지휘관은 23부대를 여느 일반 부대와 마찬가지로 운용할 수 있었다.

이 정도 규모의 전략을 수행하려면 군 최고수뇌들의 허가가 있어야만 했다. 유럽 작전전구의 미군 최고사령관 제이크 데버스 장군은 이 계획을 받아들여 1943년 성탄절 전야에 워싱턴으로 허가증을 보냈다. 군역사학자이며 『유럽 작전전구의 유령』(*Ghosts of the ETO*)의 저자 조너선 건은 데버스 장군이야말로 고스트 아미 창설에 지대한 공을 세운 인물이라고 주장한다. "여러 사람이 이러쿵저러쿵하지만, 데버스야말로 허가 문서 말미에 직접 서명하고 그 책임을 걸머진 사람이다." 1945년 1월 데버스 장군의 후임이 된 아이젠하워 장군 역시 이 계획을 열렬히 지지했다.

신설부대는 1944년 1월 20일 테네시 주 캠프 포레스트에서 정식으로 발족했다. 기만임무 수행을 위해 군은 기존 세 개 부대와 완전히 새로 조직한 한 개 부대를 모아 해리 L. 리더 대령에게 지휘를

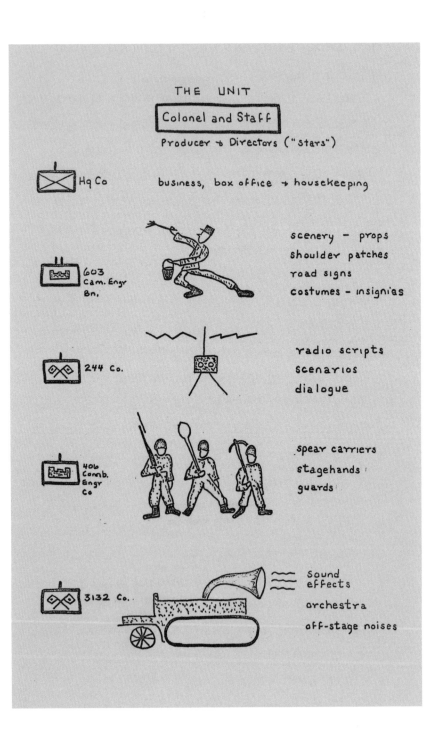

THE UNIT

Colonel and Staff

Producer & Directors ("stars")

Hq Co — business, box office & housekeeping

603 Cam. Engr Bn. — scenery - props / shoulder patches / road signs / costumes - insignias

244 Co. — radio scripts / scenarios / dialogue

406 Comb. Engr Co — spear carriers / stagehands / guards

3132 Co. — sound effects / orchestra / off-stage noises

제23본부 특수부대원으로서 부대의 공식 역사를 기술한 프레드 폭스가 재치있게 그려낸 도해.

맡겼다. (리더 대령은 종전으로 본국에 복귀하기까지 내내 제23본부 특수부대를 지휘했다.)

제603위장공병 특수대대

대원 379명. 고스트 아미 소속 부대 가운데 최대 규모. 이 위장 전문가들은 고무로 제작한 모조 전차, 트럭, 대포, 지프 등을 이용해 공중 정찰 혹은 원거리 정찰 중인 적군을 속였다. 유럽 파견에 앞서 2년간 본국에서 위장술을 실습했다. 이 부대에는 특별 모집한 예술 분야 종사자가 많았다.

통신 특수중대

이전에 제244통신중대로 불렸던 이 부대에 소속된 296명은 일명 "패러디 통신"으로 통하던 가짜 통신으로 적을 속이는 임무를 담당했다. 이들은 일반부대 소속 통신병인 척 위장하여 가짜 통신망을 구축했다. 일반부대 통신병과 그들의 소속 부대가 이미 다른 장소로 옮겨 그 자리에 없다는 사실을 적군이 알아채지 못하도록 모스부호 전송법을 숙달해 능숙하게 모방했다.

제3132통신지원 특수중대

음향기만작전을 담당한 이 부대 소속 병사 145명은 반궤도 장갑차(앞은 바퀴가 달리고 뒤는 무한궤도로 된 장갑차)에 탑재한 강력 스피커를 이용해 부대가 이동하거나 작업하는 듯한 음향을 야간에 재생했다. 뒤늦게 생긴 부대로, 뉴욕 주 북부 캠프 파인(현 포트 드럼)에 설치된 육군 실험기지에서 훈련을 받다가 고스트 아미 신설 후 영국에서 합류한다.

제406전투공병 특수중대

조지 렙 대위가 이끄는 406중대원 168명은 전투병으로 훈련받았다. 고스트 아미의 외곽 경계 보안을 담당했으며, 전차와 대포를 옮겨

조지 마틴 상병이 동료 병사들의 도움을 받아 작성한 작전지도. 미국으로 복귀한 후 마틴은
이 지도를 복사해 참전 기념으로 부대원들에게 한 부씩 나눠주었다.

진지를 구축하는 일을 포함해 각종 설치 및 철거 임무를 이행했다. 불도저를 이용해 가짜로 전차 바퀴 자국을 내는 시각적 기만술도 자주 수행했다.

앞의 네 개 부대와 본부 중대까지 합쳐 병사 총 1,100명이 3만 명 규모에 해당하는 두 개 사단으로 위장해 적을 교란할 수 있었다. 제23본부 특수부대는 미군 제12집단군 사령관 오마 브래들리 장군의 직접 지휘 아래 놓이는데, 제12집단군의 작전을 기획하던 특별작전 기획부서 최고책임자가 바로 빌리 해리스와 랄프 잉거솔이다.

　기만작전 수행을 위해 합쳐진 네 개 부대 가운데 가장 몸집이 큰 부대는 제603위장공병 특수대대로 부대원 평균 IQ가 미군 전 부대 중에서 제일 높다는 소문이 도는 범상치 않은 부대였다. 그러나 이 부대를 진정으로 특유하게 만드는 요소는 따로 있었다. 일반적으로 군대와 전혀 무관하게 여겨지는 인간 유형, 즉 '예술가'들이 우글대는 부대였다는 점이다.

1943년 위장전술을 연구하는 뉴욕대학 학생들.

예술 청년들

사느라 바빠 그림과는 거리가 먼, 미국을 지탱하는 근면하고
우직한 사람들이 보기에 우리는 괴짜였습니다.
— 잭 메이시

2

이등병 네드 해리스는 1942년 메릴랜드 주 포트 미드에 입소하던 때
18세였다. 신설된 제603위장공병 특수대대에 복무할 예정이었다.
고향에서 멀리 떠나와 초조한 청년은 낯선 환경에 어리둥절한
상태였다. 입소 신고를 하자 누군가가 고향을 물었다. "뉴욕입니다."
그러자 다른 병사가 브루클린에 있는 프랫 인스티튜트에 다녔느냐고
물었다.

"재빨리 그렇다고 대답했지요." 해리스가 회상했다. "그러자
그들이 웃어대기 시작했습니다. 저는 그게 창피한 일인지 뭔지 종잡을
수가 없었습니다. 재미있어서 웃는 건지, 비웃는 건지 모르겠더군요."
그때 어떤 목소리가 해리스를 안심시켰다. "예술가 또 한 명이 우리의
전우가 되어주려고 도착하셨군."

해리스는 603대대에 복무하게 된 수많은 예술가 타입의 청년 중
하나였다. 미술대학인 프랫 인스티튜트 출신은 해리스 말고도
여럿이었다. 프랫 미대 학장 제임스 부드로는 미 육군 예비군
장성이었다. 1940년대 초에 유럽과 아시아에서 포화가 거세지고
적군의 공중폭격으로 극심한 피해가 발생할 우려가 커지자,
선견지명이 있었던 부드로는 학교에 위장전술을 집중적으로
연구개발하는 실험실을 설치했다. 위장술 전문가들을 교수로
채용하고 위장술 강의도 개설했다.

밥 톰킨스는 주저 없이 이 강의에 등록했다. 그는 강의도 듣고
크라이슬러 빌딩에 있는 광고회사에서 주급 17.50달러를 받으며 일도
했다. 에드 비오, 엘즈워스 켈리, 조지 마틴, 윌리엄 세일스도 같은
강좌를 수강했다. 그들은 축소모형을 제작하고, 롱아일랜드 북쪽
해변에 있는 프랫 가문 사유지에 나가 위장 그물을 시험했다. 비행기
조종사이기도 했던 부드로는 위장 설치물들이 공중에서 어떻게
보이는지 학생들에게 보여주려고 비행기로 항공 사진까지 찍었다.
에드 비오는 "아마추어 수준의 실습"이었다고 말하지만, 그들에게 그
경험은 결국 603대대 복무라는 결과로 이어졌다.

엘즈워스 켈리가 603대대에 합류하게 된 과정은 조금 특이하다.

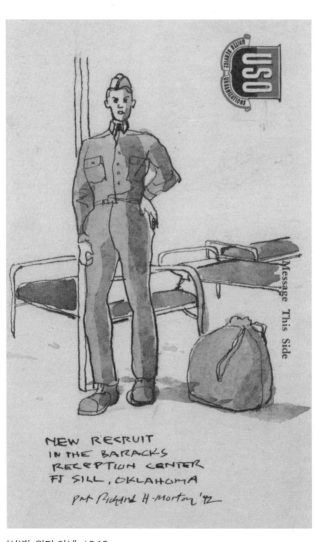

'신병', 월터 아넷, 1942.

1

2

3

1 '레이 하퍼드', 빅터 다우드, 1945.
2 빅터 다우드의 스케치북.
3 아서 싱어의 자화상, 1944.

1940년 유명 만화가 잭 빈더의 스튜디오에서 만화를 그리고 있는 레이 하퍼드, 밥 보야잔, 빅터 다우드(탁자에 앉아 카메라를 쳐다보는 세 사람, 왼쪽부터). 이들은 함께 고스트 아미에 복무했다.

그는 603대대에 자원했으나 허가를 못 받고 제10산악사단 스키부대로 배치되어 콜로라도 주 캠프 헤일로 전출됐다. 스키라곤 평생 한 번도 못 타본 사람을 말이다! 하지만 마침내 위장부대 복무 허가가 떨어지자 켈리는 그 아름다운 산악 기지를 떠나며 아쉬워했다.

빅터 다우드는 부드로 학장이 미대 재학생과 최근 졸업생들을 상대로 신설 육군 위장대대에 자원하도록 적극적인 모집 활동을 했다고 회상했다. 다우드는 어린 시절부터 자신은 미술가가 될 것임을 알고 있었다. "어머니는 집안 형편이 어려운 시기에도 제 걱정은 안 했어요. 어렸을 때 저는 그림 그리느라 힘든지도 몰랐어요." 1940년 프랫 인스티튜트를 졸업한 다우드는 대학 동기 레이 하퍼드, 밥 보야잔과 함께 만화가 잭 빈더의 스튜디오에서 일했다. 이때가 이른바 '만화의 황금기'라 불리던 시기였다. 불릿맨, 캡틴 미드나잇, 스파이 스매셔 같은 영웅을 그리던 세 사람은 부드로 학장의 격려 아래 603대대에 합류했다.

34

1943년 포트 미드에서 훈련 중인 만화가 레이 하퍼드, (바주카포를 든) 밥 보야잔, 빅터 다우드.

아서 실스톤도 그런 경우였다. 빅터 다우드와는 달리 실스톤은
애초부터 미술가가 되려던 것은 아니었다. "제 눈에는 비즈니스맨이
되어 푸른 양복을 입고 내 사무실을 갖는 것이 그리 좋아 보였습니다."
그래서 상업 계열 수업을 많이 들었지만 성적이 잘 안 나왔다. 반면에
미술 성적은 출중했다. 미술교사는 그에게 미술 관련 직업을 권했다. 그
얘기를 들은 실스톤은 이번에는 상업 과목 교사들에게 의견을 물었다.
그는 그 일을 회상하며 웃었다. 교사들이 미대 진학을 크게 반겼던
것이다. "선생님들이 그러더군요. '매우 좋은 생각이야. 경영학 하지
말고 꼭 미대 가라.'" 그래서 그는 프랫 인스티튜트에 진학해
일러스트레이션을 전공하고 603대대에 복무하기에 이르렀다.

존 자비는 입대 당시 뉴욕 소재 쿠퍼유니언 대학교에 재학
중이었다. "엄청난 전쟁이었고 다들 참전했지요." 자비가 회상했다.
그는 위장부대에 관한 소문을 듣고 자원했다. "먼저 문서로 지원하고
입대 허가를 기다려야 했습니다. 일반 징집 과정과는 완전히
달랐습니다." 대학 1학년이던 17세의 아트 케인, 그리고 이미 대학을
졸업한 25세의 아서 싱어도 쿠퍼유니언 동문이었다. 잭 메이시는
뉴욕음악미술고등학교를 막 졸업한 참이었고, 키스 윌리엄스는 미술
분야에서 수상 경력이 있는 30대 중반의 미술가였다. 버니 메이슨은
필라델피아의 상점 쇼윈도 디자이너, 해럴드 레이너는 뉴욕 파슨스
디자인 스쿨 졸업생이었다. 조지 밴더 슬뤼스는 뉴딜 정책기관
공공사업진흥국이 주최하는 예술프로젝트에 참가해 우체국에 벽화를
그린 바 있었고, 콜로라도 주 소재 브로드무어 아카데미에서 미술을
가르쳤다. 빌 블라스는 인디애나 주 포트웨인에서 뉴욕으로 거처를
옮긴 신예 패션디자이너였다. 이들을 비롯해 다른 수많은 예술 분야
종사자들이 장교, 사병 할 것 없이 603대대에 잔뜩 모여 있었다.

포트 미드에서 기본 훈련을 마친 병사들은 위장술의 상세한
내용을 익히기 시작했다. 이들은 깡통, 닭털 등 온갖 도구를 이용해
위장술을 실험하면서 그것이 공중정찰 시 어떻게 보이는지 확인했다.
촉감, 색상, 음영, 블렌딩, 형태 등을 위장술에 어떻게 활용할지 배웠다.

PFC Wm R. Blass

1.

Advantages	Disadvantages
(1) Would be more adaptable to unusual terrains such as snow or sand than burlap etc.	(1) Not always easily obtainable.
(2) Lighter in weight, so less wire maybe used than in a fish net or chicken wire flattop.	(2) Due to the sticking factor it would not be easy always to erect a chicken feather flattop in a great hurry.
(3) Durability is amazing	(3) Range of colours, smell and dying as yet not too successful.
(4) Feathers, being water repelent will not change their appearance in rainy weather as does fabric or paper.	

2.

Other possible uses for chicken feathers other than flattops. For one thing in a desert one could erect a very convincing sand dune of grey or beige chicken feathers. Also this would be true in a snow country where an artificial drift of chicken feather snow could hide successfully several snipers. Perhaps impossible but a thought, is covering (directly) tanks & other vehicles with feathers so as to disguise their identity & shapes to a large extent. This I think is definitely worth a

1

2

1 닭털을 이용한 위장술의 장점을 설명하는 빌 블라스의 육필 보고서.
2 위장술 훈련.

볼티모어에 위치한 글렌 L. 마틴 전투기 제조공장 지대. 드러나지 않도록 위장된 모습.

엘즈워스 켈리는 위장술의 기본 원칙을 소개하는 보병대 교육용
포스터를 실크스크린 인쇄로 제작했다. 훗날 켈리는 미니멀리즘
회화와 조형물로 유명한 작가가 되는데, 미술비평가 유진 구슨은
켈리가 군대에서 위장술을 접한 경험이 그의 작품에서 드러나는 미적
특질에 영향을 미쳤다고 주장한다. "형태와 음영의 개입, 가시적인
것의 구축과 파괴···. 그것은 켈리가 작업한 거의 모든 회화와 조각에
영향을 주었다."

곧이어 병사들은 좀 더 대규모 실습에 투입됐다. 독일군의 폭격을
우려한 미군은 롱아일랜드에 위치한 해안방어용 대포 설치 지역과
B-26 폭격기를 제조하는 글렌 M. 마틴 항공사의 볼티모어 공장지대가
적의 눈에 띄지 않도록 603대대에 위장 작업을 맡겼다. "우리 부대는
책임지고 그 지역을 위장하고 감춰야 했습니다." 네드 해리스가
회상했다. "공중에서 보면 그냥 시골 들판처럼 보이도록 꾸며야

1

2

3

1 '짧은 낮잠', 토니 영, 1944.
2 '수채화', 존 햅굿, 1944.
3 '초상화', 조지 마틴, 1945.

했지요." 1943년에는 테네시에서 시행된 대규모 기동훈련에 참여했다.

하지만 위장술은 어디까지나 임무였고, 그들이 진짜 사랑한 것은 예술이었다. 603대대는 예술가들이 자신의 재주를 갈고닦는 인큐베이터가 되어주었다. "학교에서보다 부대에서 더 많은 기교를 습득했고, 미술가로서의 자기 정체성도 더 확실히 알게 됐습니다." 해리스는 말했다. "그리고 그 과정은 끝까지 지속됐습니다."

603대대의 화가들은 오만 가지를 대상으로 소묘와 회화 작업을 했다. 막사 안 풍경, 동료 병사 그리고 자기 자신을 그렸다. "우리가 바쁘지 않았던 것은 아닙니다." 빅터 다우드가 말했다. "그렇지만 병사가 아무리 분주하더라도 한가한 순간이 생기기 마련이라는 것을 알았습니다. 그럴 때면 병사들은 카드놀이, 주사위놀이를 하거나 책을 읽었죠. 저는 그림을 그렸어요. 그렇게 버릇을 들였더니 그게 평생 가네요." 해럴드 레이너는 자기 선임하사가 "'빌어먹을 그림'을 그리는 데 너무 많은 시간을 소비한다고 맨날 나를 몰아세웠다"고 회상했다. 부대원들이 "미국을 통째로 위장해버릴" 기세였던 "미술가와 건축가 집단"이었음을 감안할 때 선임하사가 뭘 기대했는지 모르겠다고 레이너는 말했다.

603대대원 전원이 예술가였던 것은 아니다. 그중에는 경찰, 농부, 회계사, 신발 판매원 등 갖가지 배경을 지닌 사람들이 있었다. "온갖 종류의 인간이 제멋대로 모인 집합체였습니다." 아서 실스톤이 말했다. 브루클린 토박이 잭 메이시에게는 눈이 번쩍 뜨이는 경험이었다. "그전엔 브루클린 사람이나 맨해튼 사람만 알았는데 갑자기 딴 세상에 던져진 거예요. 이 세계를 구성하는 다양한 군상들, 그들의 억양, 그들이 내뱉는 외설스러운 이야기들이 호기심을 일으켰습니다. 이게 바로 미국이구나, 그 안에 이렇게 온갖 괴상한 사람들이 사는구나, 하는 새로운 자각이 싹튼 거죠."

부대 내의 문화적 간극은 매우 또렷했다. 막사 한쪽에서는 베토벤 5번 교향곡이 흐르고 다른 한쪽에서는 「권총 챙기는 엄마」(Pistol Packin' Mama)가 울려 퍼지는 모습에 빌 블라스는 감탄했다. 잭

'스케치하는 병사', 조지프 맥, 1943.

메이시는 말했다. "사느라 바빠 그림과는 거리가 먼, 미국을 지탱하는
근면하고 우직한 사람들이 보기에 우리는 괴짜였습니다."

　젊은 예술가들이 적을 공격하지 못할 것으로 생각한 사람도
있었으나 그건 아니었다. "우리도 다른 병사들이 하는 일을 다
했습니다." 아서 실스톤이 말했다. "행군도 하고, 소총도 다루고, 다
했지요. 바텐더나 트럭운전사 출신 부대원들보다 더 잘하면 잘했지
못하지 않았습니다." 뉴저지 출신의 젊은 조각가 해럴드 달 이병은
1943년 초 어머니에게 보내는 편지에 자기 중대 병장 스무 명 중
열다섯 명이 예술가 출신이라고 적어 보냈다. 그리고 이렇게 자랑스레
덧붙였다. "터프한 공병들이 보기에 '예술청년'들은 엉망일 줄
알았는데 아니었죠!"

　여느 부대나 마찬가지로 결국 이 부대도 각기 다른 배경을 지닌
젊은이들이 차이점을 잠시 접어두고 서로 협력하는 길을 발견했다.
"예술 하는 사람을 한 번도 접해보지 못한 병사들과 우리 사이에

신경전이 있긴 했어요." 네드 해리스가 말했다. "그들은 우리가 속한
세계를 완전히 몰랐지요. 하지만 그들은 우리로부터, 또 우리는
그들로부터 배우는 것이 있었습니다."

603대대는 포트 미드에서 그렇게 두 해를 보내다가 1944년 1월
테네시 주 캠프 포레스트로 이전되어 제23본부 특수부대에 합류했다.
이제는 사물을 숨기는 대신 거꾸로 주목을 끌어야 하는 위험한
임무를 수행할 차례였다. 29세의 뉴욕 출신 건축가 길 셀처 중위는
603대대가 "자살부대"에 합류했다고 결론지었다. 그러나 해럴드 달
이병의 경우는 자기 구미에 딱 맞는 임무를 찾았다고 여겼다. 그는
집에 보내는 편지에, 자기들이 어떤 일을 하게 될지 밝힐 수는 없지만,
"굉장히 흥미로울 것 같고 솔직히 말해 우리가 드디어 전쟁에서
실질적인 역할을 맡을 것으로 보인다"고 적었다.

잭 메이시가 토니 영, 맥스 데이비드, 제임스 스테그를 묘사한 캐리커처, 1944.

고무로 만든 가짜 M4 셔먼 전차.

책략가들

우리가 시도하려는 전술이 과연 효과가 있을지 믿기 어려웠습니다.
고무풍선에 바람을 넣어 진짜 전차처럼 보이게 한다는 계획을
어떻게 진지하게 받아들이겠습니까?
— 어빙 스템플

3

32톤 중전차를 호령하던 장교들은 고무로 된 42킬로그램짜리
M4 전차 대대를 어째야 좋을지 몰라 고민했다. 활동가에서
책략가로 변신하는 일은 매우 어려웠다. 싸우는 흉내가 진짜
싸우는 일만큼이나 에너지를 소모할 수 있다는 사실을
처음에는 다들 깨닫지 못했다.
— 제23본부 특수부대 공식 기록

1944년 1월, 제23본부 특수부대가 제 모습을 갖춰가는 동안 상황이
긴박해졌다. 몇 달 내로 유럽 공격이 감행될 것임을 다들 알고 있었다.
기만전술을 익히고 작전을 짤 시간이 얼마 없었다. 기만전술
표준매뉴얼따위는 없었다. 미군은 훈련, 전술, 절차 등을 스스로
개발하고 터득해야 했다.

부대 지휘관 해리 L. 리더 대령은 제1차 세계대전에 참전했던
보수적인 보병 장교였다. 유연성이 부족해 새로운 발상을 잘 수용하지
못하는 인물을 지휘관으로 삼은 결정에 기만전술가 빌리 해리스
대령과 랄프 잉거솔 대위는 회의적이었다. 해리스는 조롱 삼아 리더를
"영감"이라고 불렀다. 리더 대령의 입장에서도 새로 맡은 임무가 전혀
탐탁지 않았다. 한번은 23부대를 해체하라고 전쟁부에 건의한 적도
있었다. 그러면 자기가 일반 보병연대를 지휘할 수 있을 것으로
생각했기 때문이다. 부하들도 그를 기만전술 전문부대의 특수한
요청에 적응할 의사가 없는 편협한 군인으로 인식했다.

23부대 작전장교 클리퍼드 시멘슨 중령은 출신이 약간 달랐다.
존경받는 미군 최고위 장성 레슬리 맥네어가 아끼던 후배였던
시멘슨도 원래는 보병연대 지휘를 원했으나, 23부대에 배치되자 어떻게
임무를 이행하면 좋을지 당혹스러웠다. "오로지 해외파견을
준비하라는 지시 외에는 아무런 매뉴얼도, 명령도, 지침도

1

2

1 제23본부 특수부대 지휘관 해리 L. 리더 대령.
2 603부대 병사들이 급조된 목재 모조 장비를 조립하고 있다.

1 '페인트 스프레이 도구', 조지 밴더 슬뤼스, 1943.
2 '모조 지뢰 제작하기', 조지 밴더 슬뤼스, 1943.

없었습니다." 하지만 리더 대령과는 달리 시멘슨 중령은 기만임무에 성심껏 몰두했다. 그의 총명함과 열린 태도는 변화무쌍한 전장에서 실제보다 대규모 부대인 척하는 책략을 기획하는 데 중요한 역할을 했다.

놀랍게도 23부대의 본부중대에는 규모에 비해 많은 수의 중령과 소령이 포진해 있었다. 그중 대다수가 웨스트포인트 출신이었다. 기만전술이 신빙성 있게 이행될 수 있도록 이들이 보병, 포병, 기갑부대 등 각종 부대에 관한 전문지식을 제공한다는 계획이었다.

고스트 아미 소속 네 개 부대 중 세 개 부대는 테네시 주 캠프 포레스트에서 리드 대령의 지휘를 받았지만, 음향기만작전 부대인 통신지원 특수중대는 뉴욕 주 북부 캠프 파인에 위치한 육군 실험기지에서 조직되고 훈련받았다. 고스트 아미가 유럽에서 작전을 수행하려면 단기간 내에 엄청난 준비가 이루어져야 했다. 양 캠프뿐 아니라 전국 각지에 있는 공장, 실험실, 시험 설비도 바쁘게 움직였다.

23부대에서 제일 몸집이 큰 제603위장공병 특수대대는 1944년 1월 말 캠프 포레스트에 도착했다. 이들은 아직 정식 위장용 장비를 제공받지 못해 가짜 목재 전차로 적군의 공중정찰을 속이는 기만전술을 학습했다. 그리고 탄착관측기로 작전 수행 결과를 평가하고 어떻게 하면 좀 더 실감 나게 보일지 연구했다.

그러는 동안 위장 장비의 생산은 무서운 속도로 진행됐다. 미군은 캘리포니아 사막에서 실험해본 후 공기주입식 위장 장비를 쓰기로 결정했다. 개중 다수는 로드아일랜드 주 운소컷에 있는 고무제품 제조업체 'US러버컴퍼니' 공장장 프레드 패튼의 디자인이었다. 태평양 지역에 나가 있는 전투기 조종사를 위한 1인용 팽창식 구명뗏목도 패튼이 디자인했다.

전차는 컨소시엄을 통해 생산됐다. 여기에는 'US러버컴퍼니', '굿이어 타이어 앤드 러버' 같은 대기업 외에도, 매사추세츠 주 멜로즈 소재 'L. R. 몰튼 드레이퍼리', 같은 주 로웰에 있는 '칼 F. 잭슨',

1

2

1 공기주입식 반궤도 장갑차와 대포.
2 급조된 가짜 대포.

펜실베이니아 주 스크랜턴 소재 '스크랜턴 레이스 커튼 매뉴팩처링' 같은 중소기업들도 참여했다.

　US러버컴퍼니는 방공기구[적의 공습을 막기 위해 진지의 상공에 둘러친 풍선—옮긴이] 생산을 임시로 중단하고, 고스트 아미가 사용할 위장 장비를 마감일에 맞춰 조달하기 위해 운소컷에 있는 자사 소유의 거대한 빌딩 '앨리스 밀' 외부에 따로 별관 작업장을 마련했다. 전쟁 끝 무렵 이 기업이 발행한 소식지에 따르면, "너무 급한 나머지 금요일에 남녀 직원을 채용하고, 토요일과 일요일에 미리 정해둔 공간을 개조하고, 이어서 화요일에 위장 장비 생산을 개시했다." 남자들은 전쟁터에 나가 있었으므로 공장 일은 대부분 여성의 몫이었다. 16~50세 여성을 대상으로 하는 신문 구인광고는 US러버컴퍼니에서 일하며 "승전에 이바지하라"고 호소했다. 16세 여고생 테레사 리카드는 이 부름에 응한 사람들 가운데 하나였다. 그녀는 하교 후 시간당 49센트를 받고 고무 전차를 접착제로 붙이는 일을 했다. "냄새가 지독했어요. 옷에도 배었죠. 작업장에서 나오면 입었던 옷을 전부 벗어 세탁기에 던져 넣었어요." 그녀와 동료 노동자들은 자신들이 표적물을 제조하는 것으로만 알고 있었다. 그로부터 수십 년이 지나서야 그들은 그 고무제품들이 완전히 다른 목적으로 사용됐다는 것을 알게 된다.

테레사 리카드의 US러버컴퍼니 직원 신분증.

1

50

2

1 US러버컴퍼니가 제작한 수천 대의 방공기구 가운데 하나. 무거운 금속 케이블을 들어 올려 적군 전투기의 저공 공격을 막았다.
2 미 육군이 제작한 목표물 목록 첫 페이지. 제2차 세계대전 중에 사용된 다양한 모조 장비의 목록과 각 장비의 무게, 트럭 한 대에 몇 개를 실을 수 있는지 등의 세부사항이 기록되어 있다.

이 전차들은 단순한 대형 풍선이 아니었다. 여러 개의 팽창식 고무 튜브들이 기본 골격을 이루었고, 겉은 고무를 입힌 캔버스 천으로 감쌌다. 이런 설계 때문에 신속한 팽창이 가능했으며 파편이 꽂혀도 한꺼번에 바람이 확 빠지는 일이 없었다. 리카드는 전차의 회전포탑에 들어갈 고무 튜브 담당이었다. "우리는 그것들을 접착하고 여러 방식으로 접어 회전포탑 안에 잘 맞도록 하는 일을 했습니다."

고스트 아미를 위해 제작된 고무 장비는 전차뿐이 아니었다. 『로웰 선』소속 기자 프레드 W. 더들리는 로웰에 있는 잭슨 공장을 방문한 경험을 소개하며, "바닥 여기저기에 폐품처럼 쌓인 재료로부터 지프, 무한궤도, 트럭, 그 외 온갖 장비가 마술처럼 솟아나는 장면을 보는데 마치 동화의 나라를 걷는 기분"이었다고 적고 있다. 시간이 급박했던 관계로 603부대원들은 영국에 도착할 때까지 실전에 쓸 위장 장비로는 훈련도 못 해보고 급조한 대체물을 사용해야 했다.

위장통신을 담당할 부대는 어윈 C. 밴더 헤이드 대위가 지휘하는 제244통신중대였다. 헤이드 대위는 캘리포니아 주 샌타모니카 시 전화국에서 교환원 작업의 총책임을 맡았던 사람이다. 603대대와는 달리 이 부대는 고스트 아미에 합류할 때 다소 달라졌다. 복잡한 위장 통신임무를 잘 다룰 수 있도록 원 부대원의 40퍼센트를 전국 각 부대에서 뽑아 온 100명가량의 숙달된 통신병으로 교체했다. 명칭도 '통신 특수중대'로 개칭됐다.

그렇게 뽑혀 온 통신병 중에 고도로 숙련된 전신기사 스탠리 낸스 병장이 있었다. 우쿨렐레 연주자인 낸스 병장은 현을 퉁기는 테크닉으로 전신 보내는 기술을 익혀 번개 같은 스피드를 자랑할 수 있었다. 낯선 지프차가 그를 찾아왔을 때 그는 제11기갑사단 소속으로 사막 기동훈련 중이었다. "장비를 챙겨 자기를 따라오라더군요. 어디로 가는 건지 물으니, 자기는 아무 설명도 해줄 수 없고 당신도 입을 다물어야 한다는 사실 외에는 달리 해줄 말이 없다는 겁니다."

제31보병사단 통신장교 밥 콘래드 중위도 갑자기 이 비밀스러운 신설부대로 전출된 사례였다. 그는 자기가 새 부대에 왜 전출되어

스탠리 낸스와 통신장비를 탑재한 지프.
낸스는 이 차에 '킬로와트 커맨드' 라는 이름을 붙였다.

왔는지, 거기서 자신의 임무가 무엇인지 전혀 알지 못해 선임 장교에게
상황을 물었다. 그제야 비로소 그는 적군의 시선을 끄는 것이 이 부대의
목적이며, 따라서 공격 표적이 될 수 있다는 위험성에 대해 알게 됐다.
선임 장교는 이렇게 말했다. "말하자면 이렇다 중위. 만약 우리 작전이
완벽하게 성공한다면, 너는 살아 돌아오지 못할 수도 있다."

　미네소타 주 라디오방송국에서 파트타임으로 근무하던 대학교
1학년생 스파이크 베리 병장은 통신이야말로 자신들의 임무에서 핵심
무대장치였다고 여겼다. "제23본부 특수부대를 생각하면 보통
공기주입식 전차나 음향 효과를 떠올립니다. 그것도 멋지죠. 하지만
연기를 하려면 무대가 있어야 합니다. 우리가 그 무대의 세팅을
담당했습니다."

　독일군은 적군의 활동을 알아내기 위해 무선통신 도청에 크게
의존했다. 영국군은 북아프리카에서 독일군 무선통신 도청 전문 부대
하나를 통째로 포로로 잡았다. 군역사학자 조녀선 건에 따르면,
독일군이 무선통신을 분석해 특정 부대의 위치를 정확하게 알아내는

것을 보고 영국이 충격을 받았다고 한다. 독일군이 첩보활동으로
수집한 정보의 최대 75퍼센트가 통신 도청에 의한 것으로 추정된다.

고스트 아미 장교들은 자신들이 흉내 내야 하는 부대의 통신
패턴을 면밀히 학습했다. 밥 콘래드 중위와 다른 장교들은 해당 부대의
선임 통신장교와 만나 그 사단만의 특유한 호출 신호나 기법을 배웠다.
그렇게 해서 연대본부가 대대본부에 얼마나 자주 통신 연결을 하는지
등을 미리 알아놓으면, 이 정보를 활용해 고스트 아미가 해당
보병사단으로 가장해 이동할 때 실제에 가깝게 위장 통신 시나리오를
짤 수 있었다. 조녀선 건의 말처럼, "어떤 종류의 통신이 얼마나 자주
이루어지는지 파악하는 기술"이었다. 고스트 아미 통신병들은 위장
통신을 실행하기 전 해당 사단에서 진짜 통신을 연습했고, 덕분에
진짜 부대가 다른 데로 이동한 후에도 실감 나게 위장 통신을 행할 수
있었다.

무선송신은 대부분 모스 부호를 사용했다. 독일군은 송신할 때의
버릇이나 스타일만으로도 무선병 개개인을 식별해낼 수 있었다. 이
부대의 작전 조정을 돕던 랄프 잉거솔은 "병사마다 모스 부호 타전
방식이 달라서 필적 감정하는 것만큼이나 확실하게 식별이
가능하다"고 적고 있다. 그래서 고스트 아미 무선병들은 남의 타전
스타일을 모방해야 했다. 통신 특수중대 소속 무선병들은 실전에서
아무도 진짜와 가짜의 차이를 알 수 없도록 타 부대 통신병의 타전
기법을 정확하게 따라 하는 법을 훈련받았다. 잉거솔에 따르면,
"통신병들은 대기 중인 모든 사단의 스타일과 특징을 학습했다. 타
부대 통신병 전원의 별명과 특징을 전부 파악해놓았다." 스탠리 낸스는
어느 무선병의 독특한 버릇을 불과 몇 시간 내로 익혀야 했던 경험을
상기했다. 전문가들에 따르면 예나 지금이나 특정 전신기사의 타전
습관을 흉내 내는 일은 거의 불가능하다고 한다. 하지만 23부대
무선병들은 그 일을 밥 먹듯이 해냈다.

1944년 1월 초 애리조나 주 유마에서 사막 기동훈련 중이던
제293전투공병대대의 지휘관은, 비밀 임무를 위해 가장 출중한 중대

1

2

1 406부대 장교들. 왼쪽부터 윌리엄 앨리아풀로스 중위, 존 켈퍼 중위, 조지 렙 대위, 토머스 로빈슨 중위, 조지 데일리 중위.
2 더글러스 페어뱅크스 주니어 대위.

하나를 선별하라는 명령을 받고 최근 웨스트포인트를 졸업한 조지 렙 중위가 이끄는 A중대를 골랐다. 렙은 대위로 승진했고 그의 중대는 제406전투공병 특수중대가 됐다.

406중대원들은 이미 2년간 전투훈련을 받은 상태였고, 렙 대위는 자신들의 임무가 보병의 공격을 지원하기 위한 철거 임무일 것으로 기대했다. "평범한 육군 장교로서 포성이 울리는 전장에 가길 원했습니다." 그는 주어진 임무가 자신의 예상과 어긋나자 실망했지만, 훗날 자신의 군인 경력에 고스트 아미 복무 경험이 큰 도움이 되었다고 믿게 된다.

406중대는 어느 병사의 말마따나 "유령부대의 유일한 진짜 군인들"로서 부대의 안전을 책임졌다. 그들은 캠프 포레스트에서 신체 단련과 전투훈련에 집중했지만 일단 전장에 도착해서는 역시 위장 임무를 담당했다.

캠프 포레스트에서 북동쪽으로 약 1,600킬로미터 떨어진 뉴욕 주 북부 캠프 파인(현 포트 드럼)의 육군 실험기지에서는 음향기만작전 부대가 조직되어 훈련받고 있었다. 미리 녹음한 음향을 이용해 적군을 속이는 작전은 제2차 세계대전 때 새로 등장한 전략이었다. 몇 년 전만 해도 존재하지 않았던 신기술 덕택이었다.

미군은 1942년부터 음향기만작전을 실험했다. 배우 출신 해군 장교 더글러스 페어뱅크스 주니어의 주도로 미합중국 해군은 이를 최초로 실전에 적용했다. 페어뱅크스는 영국 특공대의 작전을 관찰한 후 적극적으로 해군기만부대를 설립했다. 그 결과 탄생한 것이 비치 점퍼(Beach Jumper) 작전이다. 해변 상륙 시 확성기와 연막제조기를 실은 소형 보트를 이용해 적군을 교란시키는 전술이다. 1943년 이탈리아에서 비치 점퍼 작전은 실행에 옮겨졌다.

육군도 곧이어 독특하고 카리스마 넘치는 장교 힐튼 하웰 레일리의 주도로 독자적인 음향기만작전을 기획했다. 뉴올리언스에서 자란 레일리는 배우가 되는 것이 꿈이었으나 기자가 됐다. 제1차 세계대전에 참전한 뒤 폴란드에 가서 종군기자로 복무했다.

통신지원 특수중대 부대원들. 앞줄 중앙이 힐튼 하웰 레일리 대령.
뒷줄 왼쪽에서 세 번째가 잭 맥글린 병장.

1920년대에는 탐험가 리처드 버드 해군장성의 북극탐험 계획을
도왔고, 어밀리아 에어하트에게 대서양 횡단 비행을 제안해 그녀를
세계적인 유명인으로 만들었다. 잡지 『포춘』이 유럽 군수산업 취재를
위해 레일리를 유럽에 파견했을 때, 나치 첩보원이 그에게 접근해
미국에서 히틀러 PR을 해줄 수 있을지 의사를 물었다가 거절당했다.
1930년대 말 그는 군비에 관한 기사를 쓰고 자서전 『광기』(*Touched
with Madness*)를 펴내 인기를 모았다. "저자는 또 한 번 운명을 감수할
준비와 능력을 갖췄음을 단호하게 보여준다"고 『뉴욕타임스』 서평은
쓰고 있다. 제2차 세계대전은 그에게 그럴 기회를 주었다.

　　그의 첫 임무는 징집된 육군병사들의 떨어진 사기를 회복할
방법에 관한 기밀 보고서를 작성하는 일이었다. 그 작업을 통해 프랭크
카프라 감독의 영화 「왜 우리는 싸우는가」(Why We Fight)가

제작되었다. 영화는 장병들에게 미국의 참전 이유와 참전을 통해
수호하려는 가치가 무엇인지 설명했다. 레일리는 대령 계급을 달고
음향기만작전에 임했다. 그의 억세고 당당한 성품은 이 일에
제격이었다. 딕 시러큐스 중위는 그를 "멋있고 기품 있는 사람"이며
"완벽한 리더감"으로 기억했다. 캠프 파인에서 레일리는 두 개
음향부대의 훈련을 맡았다. 그중 제3132통신지원 특수중대는 고스트
아미 소속이 됐고, 제3133부대는 이탈리아에서 독자적으로 작전을
펼쳤다.

레일리는 3132부대에서 복무할 장교들을 직접 면접해 뽑았다.
뉴욕 브롱크스 출신 딕 시러큐스도 그중 한 명이었다. 그는 미국
남부에서 훈련 중인 전원 흑인으로 구성된 화학중대를 지휘하고
있었다. 부하 장병들의 평등한 권리를 요구하던 시러큐스는 갑자기
전출되어 다시 북부로 향하는 열차에 몸을 실었다. 그와 레일리는
즉시 마음이 맞았다. "처음 인사 나눌 때 그가 '중위, 자네가 맡을
중대의 임무는 적의 포화를 유도하는 것이다'라고 했던 것이 생생하게
기억납니다. 맡은 역할은 당연히 해내겠지만 이래봬도 제가 브롱크스
출신으로서 기회가 생기면 적군을 좀 혼내주고 싶다고 말했더니, 그가
폭소를 터뜨리며 '맘에 든다'고 하더군요."

매사추세츠주 메드퍼드 출신 잭 맥글린 병장도 이 부대로
선발됐다. "심리전과 음향작전을 담당하는 기밀조직에 합류하기 위해
면접을 보면서, '독일군을 일종의 음향무기로 전부 해치우고 전쟁을 싹
마무리할 건가 보다' 하고 생각했습니다. 알고 봤더니 음향전보다는
심리전에 더 가까웠습니다."

이들의 임무는 야간에 적이 보지 못하고 듣기만 할 수 있을 때
가짜로 부대가 이동 또는 활동하는 소리를 내서 적군을 속이는
일이었다. 처음에는 이미 상업적으로 제조되고 있는 음향기기의
사용을 고려했으나 작전에 적합한 다양성을 제공해주지 못했다. 육군
보고서에 따르면 잘 훈련된 감시병들은 전차가 내는 소리를 전차의
종류뿐 아니라 이동속도와 전차가 이동하는 도로가 오르막인지

1

2

1 반궤도 장갑차에 탑재된 스피커.
2 이동식 기상관측소.

내리막인지까지 식별할 수 있었다. 이 모든 다양한 음향을 각각 다른 시나리오에 따라 전부 미리 녹음해두어야 했다.

1944년 초 힐튼 하웰 레일리는 켄터키 주 포트 녹스에 이동식 음향스튜디오 팀을 파견했다. 이 팀이 필요한 음향을 녹음할 수 있도록, 셔먼 전차 열여덟 대와 부대원 200명으로 이루어진 기갑중대가 3주간 우르릉거리며 다양한 소리를 내주었다. 이 기간에 다른 활동은 일체 중단됐고, 그 일대에서 비행기의 저공비행도 금지됐다.

고스트 아미 기술자들은 벨 연구소 소속 전문가들과 협력해 음향을 녹음했다. 삼베 재질의 방풍스크린을 씌운 마이크를 삼각대에 고정시켰다. 30미터 떨어진 지점에 세워놓은 승합차에서 병사 두 명이 턴테이블로, 당시 히트 음반 제작에 사용하던 것과 동일한 16인치 축음기 음반에 녹음헤드로 소릿결을 새겨 넣는 작업을 진행했다. 그들은 전차, 화물차, 불도저 소리뿐 아니라 강을 건너기 위해 임시로 놓는 부교(浮橋)를 설치하는 소리까지 녹음했다. "망치질하고 욕하는 소리까지 들을 수 있었습니다." 해럴드 플린 이병은 감탄했다. 벨 연구소 엔지니어들은 위장술에 적합한 새로운 녹음기술을 개발했다. 이를테면 트럭이 마이크 앞을 빠른 속도로 지날 때, 마이크에서 멀어질수록 도플러 효과에 의해 소리가 낮아진다. 하지만 멀리서 듣는 사람에게는 이 효과가 느껴지지 않기 때문에 적이 가짜 사운드임을 눈치챌 위험이 컸다. 이와 같은 음의 높낮이 변화를 막기 위해 기술자들은 영리한 아이디어를 냈다. 마이크를 중심에 두고 차가 일정한 거리를 유지하며 원형으로 돌면 도플러 효과 없는 녹음이 가능했다.

여러 턴테이블을 이용해 다양한 소리를 믹싱하면 원하는 시나리오에 맞추어 음향을 창조해낼 수 있었다. 이것은 멀티트랙 녹음의 가장 초기 사례에 속했다. 이렇게 믹싱한 음향은 테이프 녹음기의 전신이자 1940년대 초에 최첨단을 달리던 와이어 녹음기로 다시 한 번 녹음했다. 자기 와이어 한 타래의 길이는 3킬로미터여서

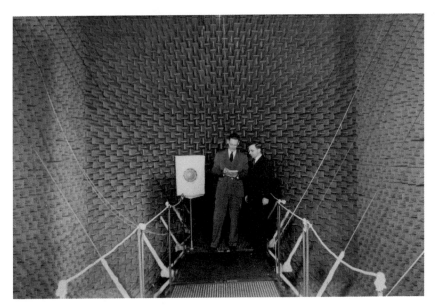

무향실 안의 리오 버라넥(왼쪽). 무향실은 '버라넥의 상자'라고도 불린다.

음반과는 달리 30분간 끊김 없이 연속재생이 가능했다.

　이렇게 녹음한 음향은 반궤도 장갑차에 탑재된 200킬로그램이
넘는 강력 스피커로 재생됐다. 앨 앨브렛 상병은 자기가 몰던 반궤도
장갑차에 "생전 처음 보는 초거대 스테레오가 장착되어 있었는데,
음악이 아니라 전차 소리와 부대가 활동하는 소리를 재생했다"고
회상했다. 다양한 스피커 시스템을 시험하기 위해 미 육군은 하버드
대학교 전기음향 연구소의 젊은 과학자 리오 버라넥에게 자문을
구했다. "음향 시스템이 너무나 강력해서 야외에서는 시험할 수
없었다"고 버라넥은 기록했다. 대신에 그는 일반인의 눈을 피하기 위해
음향흡수실을 지었다. 이 시험 설비는 나중에 '버라넥의 상자'로
알려지게 된다. 음향반사가 전혀 일어나지 않는 이런 설비는 최초에
속했다. 버라넥은 이 방을 '무향실'(anechoic chamber)이라는 새로운
명칭으로 불렀다. 약 12×15미터 면적에 4층 건물 높이인 무향실 내부는
유리섬유 재질로 된 쐐기 1만 9,000점—화물차 아홉 대 분량—으로

빽빽이 뒤덮였다. "그렇게 해서 거의 완벽하게 고요한 방을 만들 수 있었다. 외부 소음은 전혀 들리지 않았고, 귀 안으로 혈액이 쏠리는 소리까지 들을 수 있었다. 새로운 경험이었다." 버라넥은 훗날 전설의 첨단기술업체 '볼트, 버라넥 앤드 뉴먼'(현 'BBN 테크놀로지')의 공동 창립자가 되어 초기 인터넷 엔지니어링 작업에 크게 기여했다. 이후 오디오 시험을 위해 전국에 건설된 수천 개의 무향실에는, 고스트 아미가 준 영감을 바탕으로 선구자 버라넥이 설계한 쐐기를 대부분 그대로 사용했다.

세세한 부분까지 철저한 점검에 들어갔다. 바람의 속도와 방향도 위장작전에 임할 때마다 매번 염두에 두어야 했기 때문에 미군은 이동식 기상관측소를 신설해 음향부대와 함께 작전을 수행하게 했다. 벨 연구소는 기상, 지형, 적군과의 거리에 따라 음향의 크기를 조절할 수 있도록 포병대가 쓰는 탄도 발사표와 유사한 차트를 마련했다.

이와 같은 테크놀로지 활용과 노력의 결과는 놀라웠다. 런던 특수작전부서에서 해리스, 잉거솔과 함께 일한 장교 클레어 벡은 귀국하여 음향기만작전의 진전 상황을 평가한 뒤 깊은 인상을 받았다. "관찰한 바에 따르면 음향기기는 훌륭하고 실용적"이라고 그는 보고서에 기록했다. "차량 호송과 교량 설치 음향의 전달 거리는 최대 6.5킬로미터, 전차 음향은 약 3.5킬로미터다. 위장된 음향은 진짜 소리와 너무 유사해 구별이 불가능하다는 것이 본인 및 다른 이들의 소견이다."

물론 테크놀로지 자체가 아무리 훌륭해도 사용자의 능력에 의존하게 마련이다. 레일리는 자신이 최고 수준의 팀을 유럽으로 파견한다는 확신을, 존 보더스 병장의 부친에게 보내는 편지에서 밝히고 있다. "존은 미 육군의 특별한 선구자적 부대의 일원입니다. 세 차례의 전쟁에서 지휘했던 제 경력을 통틀어 이들만큼 출중한 병사들은 이제껏 만나보지 못했습니다. 제가 개인적으로 아끼는 부하들입니다."

훈련 기간 3개월은 눈 깜짝할 새 지나갔다. 캠프 포레스트에서

'병사 수송', 조지프 맥.

대기하던 위장공병 특수대대, 통신 특수중대, 전투공병 특수중대는
1944년 4월 뉴욕 행 열차에 올랐다. 목적지는 영국이었다.
음향기만작전 부대인 3132중대는 좀 더 후에 유럽에서 합류한다. 어빙
스템플 이등병은 자신들이 정말로 독일군을 속일 수 있을지 궁금해
하던 여러 병사 가운데 하나였다. "우리가 시도하려는 전술이 과연
효과가 있을지 믿기 어려웠습니다. 고무풍선에 바람을 넣어 진짜

전차처럼 보이게 한다는 계획을 어떻게 진지하게 받아들이겠습니까?"
일부 병사들은 미친 임무라고 농담하기도 했지만, 전쟁에서 자기들이
중대한 역할을 해낼 거라고 조용히 확신하는 병사들도 있었다.

　　1944년 2월, 해럴드 달 이병은 어머니에게 편지를 보냈다. 거기에는
비밀 임무와 그것이 이행될 장소에 관한 암시가 담겨 있었다. "우리는
특수 임무를 맡았습니다. 그런데 우리 쪽 본거지에서 수행할 수 없어
남의 홈구장에서 시도해야 합니다." 달은 캠프 포레스트를 떠나기
직전에 뉴저지 주 토와코에 사는 동생 루시에게 편지를 보내 자기가
하는 일에 관해 함구할 필요성을 강조했다.

　　　혹시 기자하고 얘기를 하더라도, 최소한 우리의 출정 여부와
　　　시기는 신문에 실리지 않도록 조심해줘. 우리가 현지에 도착해
　　　너한테 다시 편지가 갈 때까지는 내가 전장으로 떠났다는 사실을
　　　너나 어머니나 다른 식구들도 절대 남들에게 밝히지 말아야 해.
　　　이후에 내가 어디에 있는지 짐작이 가더라도 아무한테도
　　　이야기하지 마. 603부대가 떠난 사실이 알려지면 우리가 하려는
　　　일이 드러날 수 있어. 임무를 무사히 완수할 때까지 우리의
　　　존재는 아예 잊혀야 해. 전쟁 상황에서 이 점은 너무 중요해서
　　　특별히 신중을 기해야만 한단다. 네가 이해해주리라 믿어.

위장공병 특수대대 소속인 빅터 다우드 병장은 전장으로 향하는
여정이 시작되는 시점에 다른 병사들과 다소 다른 태도를 보였다. 그와
몇몇 동료 병사들은 모든 것을 도저히 심각하게 받아들일 수 없었다.
적어도 한동안은 그랬다. "전체적인 그림에 신빙성을 못 느꼈습니다."
다우드는 회고했다. "하지만 우리 쪽으로 적군의 포화가 쏟아지는
순간, 비로소 현실이 덮쳐왔습니다."

미 해군 전함 헨리 기븐스 호에 승선한 병사들. 빅터 다우드의 스케치북에 담긴 그림, 1944.

고무 전차, 출정 준비를 마치다

갑자기 네 사람이 셔먼 전차를 한 귀퉁이씩 잡고
번쩍 들어 올렸습니다. 저는 거의 기절초풍했습니다.
세상에, 내 힘으로는 어림도 없다고 생각했지요.
— 조 스펜스 이등병

4

음향부대를 제외한 고스트 아미 대원 대다수는 1944년 5월 2일 미해군 전함 헨리 기븐스 호를 타고 뉴욕에서 영국으로 향했다. 밥 톰킨스 병장은 "상상할 수 있는 최대의 수송선단"이었다고 회상했다. "함선들이 저 멀리 수평선까지 좌우 양편으로 좌악 펼쳐졌습니다." 장병들이 지루하지 않도록 밤마다 음악 프로그램, 코미디 쇼, 권투 경기, 주사위 게임이 끝없이 펼쳐졌다.

그들은 5월 15일 영국 브리스틀에 도착했다.

거기서부터 다시 셰익스피어의 고향 스트랫퍼드어폰에이번 근처에 있는 위엄 있는 대저택 '월턴 홀'로 이동했다. 그곳이 그들의 야영지였다. 벨벳 같은 잔디, 잘 관리된 숲, 백조들이 노는 호수가 있는 녹음이 우거진 곳이었다. 사병들은 오두막이나 천막에서 지내고, 장교들은 월턴 홀 건물 안에서 좀 더 편안히 지냈다. 장병들은 월턴 홀을 가리켜 종종 "곰팡이 슨 저택"이라고 불렀다.

> 일부 장병은 스트랫퍼드어폰에이번 셰익스피어 기념극장에서
> 상연하는 훌륭한 연극을 보러 갔지만, 대다수는 레밍턴 스파에서
> 좀 더 실제적인 쾌락을 즐기는 편을 선호했다.
> — 제23본부 특수부대 공식 기록

병사들은 다가올 침공을 준비했다. 위장 도구, 통신 기구 등의 장비는 그들보다 앞서 영국에 도착했지만, 영국 남부의 여러 창고에 흩어져 있어 거둬 와야 했다. 603부대원들은 드디어 프랑스로 가져갈 장비를 시험해볼 기회를 얻었다. 미국에 있을 때보다 갑자기 임무가 한결 더 실감 나게 와 닿았다. "이제 진짜 그 장비들을 써보게 될 것임을 깨달았습니다." 잭 메이시 상병이 회상했다. "전율이 느껴졌습니다."

조 스펜스 이병은 다소 늦게 영국에서 제603위장공병 특수대대에 합류했다. 그는 기만작전에 관해 별로 아는 게 없었다. 상황이 뭔가 범상치 않다고 처음 느낀 것은 월턴 홀에 도착했을 때 영국 낙하산 연대가 그 주변을 에워싼 광경을 보면서였다. 그다음 충격은 갑자기

1

2

1 '수송선단', 리처드 모턴, 1944.
2 미 해군 전함 헨리 기븐스 호에 승선한 병사. 빅터 다우드의 스케치북, 1944.

1

2

1 '수송선단', 아서 싱어, 1944.
2 '승선한 포병', 빅터 다우드, 1944.

'야간에 전차에 공기 주입하기', 아서 실스톤, 1985.

병사 네 사람이 셔면 전차를 한 귀퉁이씩 잡고 번쩍 들어 올렸을
때였다. "저는 거의 기절초풍했습니다. '세상에, 내 힘으로는 전차를
드는 건 어렵도 없다'고 생각했지요."

　모조 장비들은 캔버스 천으로 된 큰 주머니에 담겨 수송됐다. "그
작은 자루 안에 전차 한 대가 담겨 있었습니다." 잭 메이시가 말했다.
병사들은 자루에서 내용물을 꺼내 펼친 다음 다중 노즐로 공기를
주입했다. 네드 해리스 이병이 말했다. "(우리가 자루에서 꺼내놓은) 이
형태 없는 물체에 공기가 차면서 괴물 같은 형체를 갖춰가는 모습을
지켜봤습니다." 전차 한 대를 완전히 부풀리는 데 15~20분이 걸렸다.
"우리는 바람을 넣으며 무척 재미있어 했습니다." 메이시가 회상했다.
"그것들이 서서히 모양새를 갖추는 동안 다들 웃고 농담했지요."

　5월 29일부터 6월 3일까지 월턴 홀에서 동쪽으로 180킬로미터
떨어진 셋퍼드 기동훈련 지역에서 병사들은 각각 '양배추', '치즈',
'스팸'이라 명명한 세 가지 모의 기만작전을 연습했다. 로이 에이콘 미
육군 제병협동본부(USACAC) 전 연구개발본부장은 당시 같은

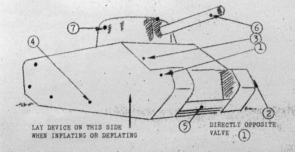

TANK, MEDIUM M4

Unlacing and Laying Out for Inflation	2 1/2 min
Inflating with Two Hose Hand Pump	14 min
Inflating with Two Hose Compressor	9 min
Testing Valves	3 min
Tying Turret in Place	1 1/2 min
Driving Stakes and Tying Guys	4 min
Pulling Stakes and Rolling Guys	4 1/2 min
Deflating, Closing Valves, Packing, Loading	20 min

LAY DEVICE ON THIS SIDE
WHEN INFLATING OR DEFLATING

DIRECTLY OPPOSITE
VALVE (1)

IMPORTANT : Handle turret separately. Detach to deflate; inflate separately
and attach after body of the device is erected in upright position.

Inflate sides through valves (1) and (2). Inflate top center tube through
valve (3) and inside cross structure through valve (4). Valve (5) is only for
short front tube which forms inside of treads. Valve (6) inflates gun
and part of turret. Valve (7) completes te turret.

Deflate in reverse order after detaching turret and laying device on right
side. Collapse center completely through valves (5), (4), and (3) before let-
ting air out of sides.

OVERALL DIMENSIONS OF INFLATED DEVISE:
L 18' 4"   W 9' 3"   H 8' 5" (to top of gun)
                     H 7' 9" (to top of turret)

1

BRISTOL UK 44
WITH SAYLES

2

1 모조 M4 전차 공기 주입 지침 도면.
2 '영국 브리스틀', 윌리엄 세일스, 1944.

지역에서 가짜 디데이 상륙작전인 포티튜드 작전 계획이 한창 진행 중이었다고 말한다. 포티튜드 작전의 목표는 가짜 정보를 흘려 독일군으로 하여금 조지 패튼 장군이 실제 상륙지점인 노르망디 해안보다 북쪽으로 약 300킬로미터 떨어진 파드칼레로 상륙하기 위해 군을 집결시키고 있다고 믿게 만드는 것이었다. 에이콘은 고스트 아미의 기동훈련이 셋퍼드에서 이루어진 것도 포티튜드 작전을 뒷받침하려는 의도였을 것으로 본다.

월턴 홀로 복귀한 23부대는 군 장비를 이중삼중으로 확인하고, 행군훈련을 하고, 동네 선술집에서 휴식을 취했다. 제406전투공병 특수중대는 다른 부대원들을 위해 폭파해체 작업 시범을 보이기도 했다. 6월 5일, 병사들은 밤새 비행기 소음을 들었다. "새벽녘 하늘은 프랑스로 향하는 비행기로 가득했습니다." 윌리엄 앤더슨 일병이 회상했다. "그날이 디데이라는 걸 눈치챘지요." 며칠 후 406부대원들은 군영 근처에서 교량을 가설하는 소리를 들었다. 확인해보니 스피커를 장착한 반궤도 장갑차가 와 있었다. 음향 기만작전 부대가 도착한 것이다.

그들은 무작정 기다렸다. 프랑스로 출정해 마침내 "코끼리를 만날" (남북전쟁에서 유래한 표현으로 전투에 임하는 첫 경험을 암시한다) 날을 기다렸다. 그리고 유럽의 인간도살장에서 자기들이 세심하게 계획한 기만작전이 어떻게 펼쳐지는지 볼 수 있기를 학수고대했다.

US
0

BROOKLYN 3411

ROME 1562

ST. LOUIS 4621½

ODENTON 3638

LONDON

TULLAHOMA 4211

BERLIN 763

TOKYO 11957

영국에서 야영 중에 병사들이 재미 삼아 제작한 표지판.

첫 기만작전

적의 심리를 꿰뚫어야 한다. 앞으로 수행할 작전에 관해 적에게
오해를 일으켜야 한다. 그리고 자신감 있게 적을 속여야 한다.
— 웨슬리 클라크 장군

5

디데이 침공 1주 후 나는 참한 여성과 함께 있으며 이렇게
생각했다. '내 나이 또래 동료 병사들은 노르망디에서 포격에
목숨을 잃고 있는데 나는 영국 시골구석에서 이 예쁜 아가씨와
대체 뭘 하고 있는 거지?' 나는 그녀에게 굿나이트 키스를 하고
자전거를 타고 막사로 돌아왔다. 막사에 불이 켜져 있었다.
누군가가 말했다. "거기 누구야?" 내가 대답했다. "다우드
병장입니다." 그 목소리가 말했다. "이리 들어와." "자전거부터
좀 세워놓겠습니다." 그러자 정보 빠른 소대원 한 명이 말했다.
"이제 자전거는 필요 없을 겁니다." 이튿날 우리는 노르망디
오마하 해변에 가 있었다.

— 빅터 다우드 병장

1944년 6월 6일, 드디어 연합군은 오래 기다렸던 노르망디 상륙작전을
대대적으로 감행했다. 엄청난 수의 상륙주정에서 하선하고, 파도처럼
몰려든 비행기에서 낙하산으로 강하한 15만 병사가 폭풍처럼
해변으로 밀어닥쳤다. 이후 며칠간 수만 명이 영국 해협을 더 건너와
교두보를 확대해 나가면서 히틀러의 유럽 요새 안으로 서서히
이동했다. 고스트 아미 역시 차례를 기다리던 중에 603대대 소속 일개
소대 열다섯 명에게 다른 부대원보다 먼저 모조 대포를 가지고
노르망디로 향하라는 갑작스러운 명령이 떨어졌다. (디데이 이튿날
아침에도 통신병 몇 명이 차출되어 작전에 투입된 바 있으나 그 작전은
결국 취소됐다.) 정말로 독일군을 속이는 데 성공하고 살아남을 수
있는지 시험한다는 계획이었다.

　　D중대 제4소대는 필라델피아 출신인 스물네 살의 버니 메이슨
중위가 지휘했다. 미술 디자인에 재능이 있던 메이슨은 고등학교 졸업
후 장교후보생 사관학교를 다닌 뒤 603대대에 배치됐다. 6월 13일,

노르망디 오마하 해변에 상륙하는 미군.

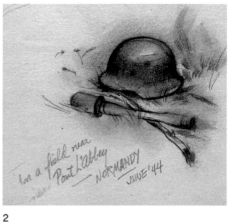

1 '버니 메이슨', 빅터 다우드.
2 빅터 다우드의 스케치.

영국식 펍에서 '국기 흔들기'라는 이름의 칵테일을 마시고 있던 그는
즉시 기지로 복귀하라는 연락을 받았다. 메이슨의 설명에 따르면
칵테일에 그런 이름이 붙은 데는 이유가 있었다. 빨간색 아마레토와
하얀색 진이 들어가고, "잔뜩 마시면 다음 날 아침 얼굴이 파랗게 되기
때문"이었다.

메이슨과 빅터 다우드를 포함한 그의 부하들은 탄약을 지급받고
C-47 수송기에 모조 장비를 실었다. 이튿날 새벽 노르망디를 향해
이륙할 때 메이슨은 여전히 숙취에 시달렸다. 다우드는 여성들이
탑승한 것을 보고 놀라 그들에게 연유를 물었다. 그들은 간호사였고,
화물을 하역하자마자 같은 수송기에 중상자들을 태워 다시 영국으로
돌아올 예정이라고 했다. 가슴 서늘한 장면이 프랑스에서 그들을
기다리고 있었던 것이다.

교전 지대에 급격히 노출되면서 모두들 충격을 받았다. 수송기는
공병들이 오마하 해변 후방에 강철망 매트를 깔아 가설한 임시
활주로에 착륙했다. 활주로 양편에 수많은 부상병이 대기하고 있었고,
멀리서 기관총 소리가 들려왔다. 수송기에서 내리자마자 곧 '지뢰 조심'
표시가 보였다. 다우드는 "고요하던 어젯밤의 시골 풍경과 오늘 대면한
엄연한 현실의 차이"를 절감했다. 독일 병사의 시체 여러 구가 부근에
매장되지 않은 채 널려 있었다. 다우드와 메이슨은 소 한 마리가 폭탄
터질 때의 충격으로 튀어 올라 나무 높이 10미터 지점에 거꾸로 꽂힌
모습을 얼빠진 듯 쳐다보았다. 어빙 스템플 이병은 수송기 바퀴에
기대어 서서 유럽 대륙에 무사히 상륙했다고 가족에게 전하는
메시지를 재빨리 작성한 뒤 조종사에게 이를 건네며 부쳐달라고
부탁했다.

상륙 후 첫 밤은 포화가 비처럼 쏟아져 참호에서 웅크린 채 보냈다.
집중포화에 전혀 겁먹지 않은 병사는 다우드가 유일했다. 그는 그
와중에서도 잘도 잠을 잤다. 짬이 나면 바닥에 굴러다니는 독일군의
막대형 '감자 으깨기' 수류탄과 헬멧을 스케치했다.

버니 메이슨이 이끄는 '메이슨 특무부대'의 임무는 중포병 대대 중

위장용 그물로 숨겨놓은 가짜 155mm 곡사포.

제일 먼저 프랑스에 상륙한 제980포병대대를 지원하는 일이었다.
980대대는 셍트메르에글리즈 시 근처에서 작전 수행 중이었다.
특무부대는 적의 포화를 다른 데로 유인하려고 포대의 진짜 위치보다
약 1.5킬로미터 앞쪽에 가짜 대포를 배치했다. "조금 두려웠습니다."
메이슨이 회상했다. 그들은 가짜 155mm 곡사포가 무겁고 다루기
까다롭다는 것을 깨달았다. 공기를 주입해 부풀린 가짜 화포는 위장
그물로 덮되 적의 항공기가 적당히 눈치챌 수 있도록 했다. 메이슨의
소대에는 제406전투공병 특수중대원 네 명이 포함되어 있었다. 이들은
급조한 섬광탄을 이용해 가짜 화포에서 포탄이 발사되는 것처럼
보이게 했다.

　당연히 보안이 매우 중요했다. 병사들은 주변을 감시했고, 좁은
샛길을 통해서만 포좌에 접근할 수 있었다. 하루는 『라이프』지
기자가 찾아와 기삿거리를 찾았다. 그는 왜 대포의 모습을 촬영하지

못하게 하는지 영문을 몰라 화를 내며 돌아갔다. 적군뿐 아니라 미국인 동포도 속여야 하는 것은 그때 한 번만이 아니었다.

특무부대원들은 셰르부르 반도 안쪽으로 이동하는 980부대를 28일간 따라다녔다. 실험은 성공적이었다. 독일군은 가짜 화포를 향해 포격을 가했지만 고스트 아미 대원 가운데 사상자는 없었다. 어느 날 땅거미가 질 무렵, 이동 중이던 메이슨 중위의 지프 앞으로 트럭 한 대가 가고 있었다. 트럭에 실린 화물은 차가 흔들릴 때마다 거대한 젤리처럼 출렁였다. "알고 봤더니 독일군 병사들의 시체였습니다. 냄새가 얼마나 끔찍했는지 모릅니다."

다른 23부대원은 (아직 영국에서 훈련 중인 음향기만작전 중대는 제외) 두 그룹으로 나뉘어 프랑스에 도착했다. 암호명이 '코끼리'인 제1그룹은 6월 말에 프랑스에 상륙했다. 암호명이 '잔여물'이던 (병사들끼리는 '찌꺼기'로 통했다) 제2그룹은 7월 초에 도착했다. 자신들을 해협 건너편으로 데려다줄 전차상륙함(LST)에 오른 그들은 며칠간 지루하게 출발을 기다렸다. "무료함, 기대감, 잡생각만 드는 잔뜩 남아도는 시간에 스케치북을 꺼내 들었지요." 네드 해리스 이병이 회상했다. 해리스는 대기하는 동안 그림을 여러 점 그렸고, 마침내 출항하게 되자 떠나는 장면을 '출정'이라는 제목의 생동감 있는 스케치로 담아냈다.

제1그룹이 유타 해변에 정박한 것은 6월 24일이었다. 병사들은 호명되기를 기다린 후 수송선 측면 레일을 넘어 하역 그물망을 붙잡고 내려가서, 육지로 병사를 수송하는 상륙정에 승선했다. "소총, 탄약, 헬멧 등등 모든 군 장비를 함께 하역했습니다." 아서 실스톤 상병이 회상했다. 그는 무거운 군장을 지고도 유혹을 못 참고 미술 도구를 꺼내 눈앞에 펼쳐진 놀라운 광경을 스케치했다. 엄청난 규모의 침공군 함대, 공중에 떠 있는 방공 기구들, 그리고 "상상할 수 있는 온갖 종류의 선박들이 시야 닿는 곳까지" 바다를 가득 메우고 있었다.

병사들은 노르망디의 트레비에르 마을로부터 북쪽으로 5킬로미터

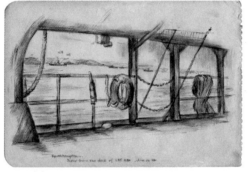

2

3

1 1944년 6월 23~26일 네드 해리스가 해협을 건너려고 대기하며 스케치북에 그린 그림들.
2 '노르망디 상륙', 아서 실스톤, 1944.
3 상륙주정에 올라 유타 해변에 상륙하려고 대기 중인 고스트 아미 대원들. 네드 해리스 촬영.

'우리 미군들이 힘 좀 씁니다!', 아서 실스톤, 1985.

떨어진 장소에서 야영했다. 소대는 천막을 친 뒤 모조 군 장비에
문제가 없는지 시험했다. 그날 밤 독일군 적기가 미군 진지에 맹폭을
가했다. 참호 밖으로 나왔다가 탄환 세례를 받은 한 병사가 가짜
트럭을 진짜 트럭처럼 생각하고 차 밑으로 뛰어들어 몸을 숨겼다. 동료
병사들은 그 모습에 실소했다. 다음 날 기상하자 소동이 벌어졌다.
프랑스 농민 하나가 동틀 녘에 소 떼를 살피러 나왔다가 해리스의
말마따나 "생전 처음 보는 장면을 목격"한 것이다. "소들이 미국 전차
한 대를 이리저리 밀고 있었던 겁니다." 미군은 그 농민이 마을로
돌아가 자신이 본 것을 소문내지 않도록 다짐을 받아야 했다.

또 한 번은 자전거에 올라탄 프랑스인 두 명이 어쩌다 보안 경계선
내로 들어왔다. 실스톤이 정지시켰을 때 그들은 이미 너무 많은 것을
보고 말았다. "그들은 미군 네 명이 40톤짜리 셔먼 전차를 번쩍 들어
방향을 돌려놓는 장면을 목격했습니다. 어안이 벙벙한 얼굴로 저를
쳐다보길래 제가 '우리 미군들이 힘 좀 씁니다' 그랬죠."

이런 보안 사고는 우습기는 해도 사실 심각한 문제가 될 수 있었다.
작전을 망칠 우려가 있었기 때문이다. 그러나 사고 발생을 방지하기란
쉽지 않았다. 첫 기만작전인 '코끼리 작전'에서 23부대는,
제2기갑사단이 다른 데로 이동한 후에도 아직 이동하지 않은 양 적을
속이기 위해 해당 위치에서 자기들이 제2기갑사단인 척했다. 음향기만
전담 부대는 아직 영국에 있었으므로, 시각기만과 통신기만 작전만
수행했다. 제2기갑사단 소속 부대들이 하나씩 떠날 때마다 23부대는
진짜 전차와 포를 차례차례 가짜로 교체했다. 하루는 어느 농민의
소유지에 배치했던 고사포 네 대를 밤사이에 철수시킨 뒤, 몇 시간 후
다시 그 자리에 모조 대포를 설치했다. 진짜 대공포가 철수되는
장면을 봤던 프랑스 농민은 아침에 또 새로 대포가 놓인 것을 보고서
놀라고 속상해했다. "앙코르 붐붐?"(또 대포를 쏩니까?) 그가 미군
병사들에게 불평했다. 근처에 있는 자기 집에서 계속 대포의 굉음을
들어야 한다는 사실에 화가 났던 것이다. 그가 주먹으로 모조
고사포를 내리치자 주먹이 튕겨 올랐다. "붐붐 하하!" 그의 얼굴에

웃음이 번졌다. 길 셸처 중위에 따르면 "붐붐 하하"는 곧 603대대의 암호가 됐다. (물론 이번에도 그 농민에게서 비밀을 지키겠다는 맹세를 받아내야 했다.)

모조 군 장비를 다루는 일이 늘 재미있지만은 않았다. 적은 절대로 멀리 있는 것이 아니어서 존재감이 확연히 느껴졌다. 독일군의 88mm 대전차포가 발사한 빗나간 포탄이 종종 떨어졌고, 가끔씩 전투기의 폭격도 있었다. 존 자비 상병은 새벽 1시나 2시에 밖에 나가 공기압축기를 켜고 모조 군 장비에 공기를 주입할 때마다 긴장했다. 공기압축기 소음은 15킬로미터쯤 떨어진 곳에서도 들을 수 있었기 때문이다.

웨슬리 클라크 장군은 기만술은 최고 수준의 창의력을 요하는 전술이라고 주장한다. "적의 심리를 꿰뚫어야 한다. 앞으로 수행할 작전에 관해 적에게 오해를 일으켜야 한다. 그리고 자신감 있게 적을 속여야 한다." 코끼리 작전은 기본적으로 23부대의 시험 항해로써 지시에 맞춰 임무를 수행할 수 있을지 살펴보는 기회였다. 명령 지연, 오해, 23부대와 모방 대상 부대 간의 조정 결여 등, 작전은 허점투성이였다. 그러나 대단한 성공은 아니었을지언정, 병사들 입장에서는 기술을 다듬을 기회가 됐다. 이를테면 시각기만전술은 미세한 부분까지 신경 쓰는 미술가의 눈썰미를 요구했다. "숨겨놓은 듯하면서도 실은 뻔히 보이도록, 위치를 잘 잡아 배치했습니다." 자비는 말했다. 적의 정찰기가 모조 장비 한 대의 한쪽 모서리만 보고도 그보다 더 많은 장비가 숨겨져 있을 거라고 억측하도록 유도하는 것이 목적이었기 때문이다. 각 장면은 조심스럽게 연출해야 했다. 특정 지점에 전차를 여러 대 배치해도 그곳에 이르는 전차 궤도 자국이 없으면 공중에서 봤을 때 진짜로 보이지 않는다. 그래서 406부대 전투공병들은 불도저를 이용해 들판에 전차 궤도 자국을 냈다. 가짜 화포를 설치할 때는 진짜 화포처럼 주변에 탄피를 흩뿌려놓았다.

이런 연습은 앞으로 있을 작전에서 유용했다. 아직 개선의 여지가 많았다. 코끼리 작전이 완료된 후 프레드 폭스 중위는 메모를 작성했다. 궁극적으로 이 메모는 해리 L. 리더 대령의 이름으로 고스트 아미 병사 전원에게 전달됐다. 다음은 발췌한 내용이다.

> 맡은 임무에 대한 제23본부 특수부대의 자세가 한쪽으로 치우쳐 있다. '군사적'인 요소가 지나치고 '쇼맨십'이 부족하다.
> 좋든 싫든 제23본부 특수부대는 스스로를 순회 공연단으로 여기고 언제든지 즉석에서 아래 부대를 연기할 준비가 돼 있어야 마땅하다:
> 　　제2기갑사단 - 브룩스
> 　　제9보병사단 - 에디
> 　　제7군단 - 콜린스
> 이 연기에는 최선의 정확성과 세심함이 요구된다. 여기에는 적절한 무대장치, 소도구, 의상, 주역, 단역, 대사, 음향 효과가 포함된다. 통신망, 육지, 공중에서 매우 날카롭고 꼼꼼한 관객이 우리의 공연을 지켜보고 있다는 점을 기억하라. 그들이 우리의 연기를 진짜로 믿어야만 한다.

코끼리 작전 이후 병사들은 배운 것을 실전에 써볼 기회를 기다리며 7월을 보냈다. 그들은 대기하는 동안 주변을 탐색했다. 화가 출신 병사들은 물감과 연필을 꺼내 들었다. "기회만 생기면 그림을 그렸습니다." 존 자비가 말했다. "만년필로 데생한 뒤 침을 바릅니다. 그렇게 해서 살짝 번지게 하면 그럴듯하게 명암이 조절됩니다." 아서 실스톤도 그림을 그려야겠다는 욕망을 느꼈다. "세계가 전쟁 중이어서 이렇게 외국에 나와 엄청난 모험을 하고 있으니, 이걸 무조건 그림으로 남겨야 했습니다."

이들은 노트, 색인카드, 영수증 등 뭐든 구할 수 있는 종이에 데생을 하고 물감을 칠했다. 프랑스 사람들, 폭격당한 농가 그리고 서로의 모습을 그렸다. 자비가 말했다. "우리는 참호나 생나무

1

2

1 '글라이더 부대의 강습을 막는 독일군의 방어물', 아서 실스톤, 1944. '롬멜의 아스파라거스'라 불리던 이 통나무들은 미군 글라이더 부대가 낙하하지 못하도록 독일군이 들판에 꽂아놓은 방어물이다.
2 '노르망디 '44', 윌리엄 세일스. 트레비에르 마을을 묘사한 데생.

울타리에 기대어 자면서도 어떡해서든 수채화 그릴 장소를
찾아다녔습니다."

이 고장의 자극적인 독주 칼바도스를 맛보았다. 동네 농민
여성들과 사계약을 맺어 세탁일을 맡겼는데 그들은 대가로
돈보다는 사탕, 비누, 담배를 원했다. 도시는 금지구역이었지만
병사들은 온갖 이유를 구실삼아 방문했다. 오랫동안 효과적으로
사용된 핑계는 헌병에게 파란색 물감이 필요하다고 말하는
것이었다. 열악한 군 보급품 속에 파란색 물감은 절대로 포함되어
있지 않았다.

— 제23본부 특수부대 공식 기록

병사들은 전쟁의 참상을 관찰했다. 해럴드 달 이병은 어머니에게
보내는 편지에 이렇게 적었다. "가여운 사람들입니다. 손수레에 담요
몇 장 말고는 아무것도 없습니다. 하루아침에 모든 것을 잃고 이웃들도
전부 같은 신세가 된 상황이 어떤 기분일지 상상을 해보세요."

7주간 힘겹게 '헤지로우 전투'(hedgerow)[헤지로우는 흙으로 된 둑
위에 나무가 자라 형성된 생나무 울타리가 넓은 지역을 복잡하게 구획
짓는 노르망디 특유의 지형을 가리키는 용어. 불어로는 '보카주'라고
한다. 독일군이 이 지형을 교묘히 이용해 방어전에 임했던 까닭에
연합군이 초기에 상당한 어려움을 겪었다 — 옮긴이]를 치른 제1군은
7월 말 드디어 독일군 방어선에 구멍을 뚫었다. 코브라 작전은
연합군이 절실히 필요로 하던 돌파구를 제공했다. 제12집단군 지휘관
오마 브래들리 장군은 조지 패튼 장군의 제3군을 활성화했다.

1944년 8월 9일, 랄프 잉거솔 대위는 패튼 장군과 만나기 위해
지프에 올랐다. 23부대는 새로 '브르타뉴 작전' 수행을 명령받았다.
미군이 주요 전투 진지 전방에서 병력을 빼내 브르타뉴 반도 점령을
위해 서쪽으로 이동하는 듯한 착각을 독일군에게 일으키는 것이
그들의 임무였다. 그동안 패튼 장군은 질풍처럼 동진해 독일군을

1

2

1 집을 잃은 난민의 모습. 어빙 마이어 이병 촬영.
2 조지 패튼 장군.

포위한다는 계획이었다.

잉거솔은 고스트 아미의 기만작전 조정을 담당하는 장교로서 패튼에게 진행 상황을 보고해야 했다. 그는 사과 과수원에 위치한 패튼의 트레일러를 발견했다. 패튼은 그 어느 때보다도 휘황찬란한 차림이었다. 손잡이를 상아로 장식한 권총을 차고, 반들반들 윤이 나는 장화를 신고, 냉소적인 표정을 짓고 있었다. "자네가 나를 구원하러 온다는 메시지를 받았네." 그가 비꼬는 투로 말했다. 하지만 곧 기만전술가에게 앉으라는 손짓을 하고 그의 말을 경청한 뒤, 좀 더 현실적인 작전 수행을 위해 한두 가지 수정 사항을 제안했다. 그리고 안전을 위해 추가 병력을 지원해주겠다는 약속까지 했다.

훗날 잉거솔은 미출간 회고록에 이렇게 적었다. "그날 조지 패튼의 퍼포먼스를 맨 앞줄에서 감상하던 바로 그 순간, 내 사적인 최고 비밀 임무는 완수됐다. 패튼 장군은 매력적이었고 그를 일대일로 대면하는 일은 다시 없었다." 잉거솔이 아직 패튼과 함께 있는 동안 장갑차 한 대가 와서 정차하더니 거기서 젊은 미군 중령이 내려 다른 장교의 하차를 도왔다. 패튼의 심문을 받을 독일군 장성 포로였다. 카를 슈팡 중장은 브레스트 부근에서 생포됐다. 미군 장교가 슈팡을 부축하느라 꾸물거리자 패튼이 호통을 쳤다. "독일놈한테 아부 그만해! 저놈을 지금 누구로 아는 거야? 예수님인 줄 아나? 냉큼 이리 끌고 와."

잉거솔은 입을 벌린 채 우두커니 서 있었다. "덜덜 떨던 그 제3제국의 대변자는 애써 차렷 자세를 취했다. 안색이 창백했고 눈에 띄게 동요된 상태였다. (그건 나도 마찬가지였다.)"

그러자 패튼은 분통을 터뜨린 속도만큼이나 신속하게 화를 진정시켰다. "완전히 딴사람처럼 보였다." 그는 슈팡 중장과 악수를 하고, 트레일러 안으로 안내해 함께 술을 한잔 나눴다. 잉거솔은 패튼의 말을 회상했다. "앉아서 푹 쉬어. 자네가 가기 전에 우리가 동료로서 터놓고 대화하지 못할 이유가 없지." 그 말을 들은 잉거솔은 재빨리 자리에서 물러났다.

July 21
France

my Darling —

the drawing below is my new home I told
you about — incomprehensible isn't it + with
good reason — I am practically out of paint —
but anyway, I guess you get the idea — straw
bed — cardboard wall + etc — It rained like
all holy hell today, + I think I was one of the
very few who didn't get wet. If you will
notice I left out all G.I. equipment to
make sure it gets through the censor. In
one of the boxes at the far end of the
bunk I have the kerosene lamp — and I
kept it lit all day + it gave the whole

- FRENCH CHATEAULET —
(G.I. STYLE)

a more cheerful atmosphere — according to
G.I. standards, I am living good, however
according to civilian standards I am living
as a hobo would — (so whats the matter with
a hobo's life?) I've been sleeping most of
the day — didn't even go to chow — had a can
of salmon + dozens of hard tack (crackers) + if

조지프 맥 병장이 집에 보낸 편지.

미군 용어로 '가공'(notional) 부대란 적군이 진짜라고 알고 있지만 실은 가짜인 병력을 뜻한다. 23부대는 네 개의 특수 임무 부대로 재편성되어 브르타뉴 반도에 진입했다. 이 네 개 부대는 제35, 80, 90보병사단과 제2기갑사단 등 각각 다른 사단의 '가공' 전투부대 역할을 맡았다. 이들은 독일군의 주요 전선에서 벗어나 서쪽 브르타뉴 지역으로 이동했다. 이 과정에서 70대 이상의 고무 전차가 사용됐다. 그러나 적군의 시야에서 점차 벗어나는 상황이었으므로, 이번 기만작전의 핵심은 통신이었다. 고스트 아미는 강력한 통신망을 구축해 제3군과 수많은 메시지를 주고받으며 독일 정보장교들의 도청을 기도했다.

군역사학자 조너선 건은 이 작전을 고스트 아미가 수행한 가장 중요한 기만작전 중 하나로 본다. 패튼의 부대가 독일 제7군을 피해 그 배후로 이동해 프랑스 지역 독일 주력군을 섬멸할 수 있었던 것은, 적군을 속여 시간을 충분히 벌어준 브르타뉴 작전의 덕을 봤을 가능성이 크다. 한편, 패튼의 보병 지원 약속은 지켜지지 않았다. 잉거솔이 제3군 사령부의 한 장교와 연락해 약속한 병력 지원에 관해 문의하자 이런 대답이 돌아왔다. "잉거솔 대위가 데리고 있는 보이스카우트는 포격을 한번 받아봐야 진짜 전쟁이 뭔지 좀 더 배울 거라고 장군님이 대위님께 전하랍니다."

사실 패튼은 평판과 빈번한 가식적 행태에도 불구하고 다른 어느 장성보다 기만작전의 가치를 잘 이해했다. 잉거솔과 그의 상관 빌리 해리스 대령은 패튼과 협력하는 일이 의외로 수월하다는 것을 깨달았다. "패튼은 전장에서 만난 인물 가운데 가장 출중한 협업의 달인이었습니다." 해리스가 말했다. "그에게 뭔가를 부탁했을 때, 전체적인 그림에 비추어 이익이라면 기꺼이 들어주었습니다." 이후 수개월간 고스트 아미가 수행한 기만작전들이 제3군과 관련되어 있었던 것도 아마 바로 그런 이유 때문이었을 것이다.

8월 중순에 연합군은 한 전투에서 대승을 거둔다. 노르망디 팔레즈 마을 부근에서 연합한 미국, 영국, 캐나다, 폴란드 군이 대규모의 독일군 병력을 포위망 안에 가두는 데 성공했다. '팔레즈 포켓'으로 알려진 이 포위전에서 독일 병사 1만 명이 목숨을 잃고 5만 명이 포로로 잡혔다. 나머지는 흩어져 도주했다. 파리로 입성하는 길과 독일 국경이 갑자기 연합군에게 활짝 열렸다.

> 독일 제7군 섬멸의 직접적인 공로자라고 주장하지는 못하더라도,
> 23부대의 책략이 독일군의 상황 판단을 흐렸을 가능성은 충분히
> 있다.
>
> — 제23본부 특수부대 공식 기록

대원들은 자신감을 얻기 시작했다. 무엇보다도 브르타뉴 작전 중에 고스트 아미가 새로 시도한 기만술은 이후 점차 중요한 역할을 하게 된다. 프랑스 전장에서의 경험을 토대로 탄생한 이 전술은 대원 한 사람 한 사람을 물오른 연기자로 바꿔놓았다.

갤러리: 폭격에 무너진 교회

1944년 7월 초, 고스트 아미 화가들은 노르망디 트레비에르 마을에
진입해 폭격당한 교회와 마을 광장을 화폭에 담았다. 동네 아이들이
병사들 어깨너머로 작업을 구경했다. 몇몇 아이들은 잔해 속에서
스테인드글라스 파편을 찾아내 초콜릿과 교환했다. 존 자비는 그
파편을 간직했다가 집에 돌아가 그것으로 스테인드글라스 램프를
만들었다.

항공사진 우측상단에 교회가 보인다. 교회와 마을은 훗날 재건됐다.

1

2

1 교회 내부를 스케치하는 폴 혼설.
2 교회 내부를 스케치하는 에드워드 보차.

'트레비에르 교회 내부', 아서 싱어, 1944.

'트레비에르 교회 외부', 아서 싱어, 1944.

1 '교회 첨탑', 밥 톰킨스, 1944.
2 '폴 그라베', 존 햅굿, 1944. 스테인드글라스 파편을 모아 초콜릿과 바꾸던 아이들 가운데 하나.

병사 두 사람이 스텐실로 지프에 가짜 표시를 찍어내고 있다.

특수 효과

우리는 마을에 자유롭게 흩어져 술집에서 오믈렛도 주문하고,
사과술도 마시고, 마음 편히 떠들라는 지시를 들었습니다.
— 존 자비

6

미군 지프 세 대가 요란한 소리를 내며 룩셈부르크의 한 작은 마을을
가로질렀다. 그 마을은 독일 국경과 가까운 최전선에서 불과 수 마일
거리에 있었다. 때는 1944년 9월 초. 디데이로부터 3개월 지난
시점이었다. 앞차와 뒤차에는 기관총으로 무장한 호위병이 탔고, 중간
차에는 소장급 전용차량임을 알리는 적색 번호판이 달려 있었다.
군대식 수염을 멋지게 기르고 어깨에 별을 단 인물이 그 차 뒷좌석에
꼿꼿한 자세로 앉아 있었다. 이 지프 세 대는 모두 제6기갑사단
소속임이 분명했다.

　　이들은 나치 협력자로 의심받는 인물이 운영하는 선술집 앞에
정차했다. 지프에서 내린 미군 장성과 안경 쓴 부관이 술집 안으로
들어갔다. 호위병들은 압수한 열두 병들이 고급 와인 여섯 상자를
장성용 지프차에 실었다. 분노한 술집 주인이 방금 자기가 겪은 일, 즉
연합군이 드물던 이 지역에 미군 제6기갑사단이 들이닥쳤다는 사실을
독일군에 고해바칠 이유를 그렇게 충분히 만들어 준 뒤 미니 호송대는
자리를 떴다.

　　사실 그 호송대는 조심스럽게 연출된 기만작전이었다.
제6기갑사단은 멀리 있었다. 지프 뒷좌석에 앉아 있던 장성마저
가짜였다. 콧수염을 기른 소령이 잠시 장군을 연기했을 뿐이다. 그날
그들이 수행한 임무는 고스트 아미 대원들이 현장에서 즉석으로
고안한 기만술 중에서도 특별히 극적인 예에 속한다. 그들은 이를
'분위기 연출' 또는 '특수 효과'라고 불렀다.

　　고스트 아미는 시각, 청각, 통신, 이렇게 세 종류의 기만술을
활용해 멀티미디어 쇼를 펼칠 준비를 하고 프랑스로 왔다. 최근까지도
독일군이 점령했던 프랑스 시골 마을에는 독일 첩자나 협력자들이
남아 있었다. 이런 상황에서 고스트 아미 병사들은 즉흥적으로 적을
속일 기회를 포착했다. 미리 계획된 작전이 아니어도 성과는 클 수
있었다. 다른 부대와 달리 고스트 아미는 사병들이 낸 아이디어가
상향식으로 구현됐다. 이런 상향식 프로세스를 가장 열심히 옹호한
사람은 젊고 카리스마 넘치는 프레드 폭스 중위(나중에 대위로

1

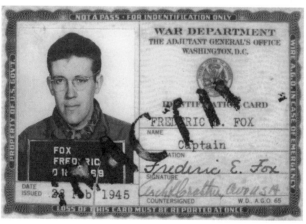

2

1 '카페 드 레스트', 윌리엄 세일스, 1944.
2 프레드 폭스의 신분증.

1

2

1 프랑스의 한 카페에서 동료들과 포즈를 취한 밥 톰킨스(맨 왼쪽)와 빌 블라스(오른쪽에서 두 번째).
2 '작은 코냑', 에드워드 보차, 1945.

진급)였다.

1939년 프린스턴 대학교를 졸업한 폭스는 제2의 지미 스튜어트를
꿈꾸며 명성과 부를 찾아 할리우드로 갔지만, NBC 라디오 이유식
광고 작가 일밖에 찾지 못했다. 전쟁이 터지자 입대했고, 그는 결국
고스트 아미의 일원이 됐다. 폭스는 이 '오프브로드웨이 공연'이
적성에 딱 맞았다. "그는 매우 혁신적이고 창의적이었습니다." 스파이크
베리 병장이 회상했다.

연기자 훈련을 받은 폭스는 기만술이 좀 더 극적이어야 한다고
열정적으로 주장했다. 만약 고스트 아미가 제75보병사단을
연기한다면, 군복에든 화물차에든 당연히 75보병사단 마크가 달려야
했다. 병사들은 75보병사단에 관한 상세한 사항을 외워 민간인에게
설명할 수 있어야 하고, 가짜 사령부에는 장교들이 북적거려야 했다.
"23부대는 도로 표지판, 초소, 차량 범퍼에 찍힌 마크 등 특정 부대의
정체를 표시하는 수많은 세부사항을 세심히 관찰하고 복제해야
한다"고 폭스는 메모했다.

이 발상은 신속히 채택됐다. "그래서 우리는 군복과 차량 범퍼에
타 부대 마크를 부착하고 그 부대의 역할을 체화했습니다." 딕
시러큐스 중위가 말했다. "다만, 다른 부대 병사 100명당 우리
부대원은 열 명이라는 점이 달랐죠." 병사들은 타 부대 마크를 달고
동네 술집에 가서 첩자들 들으라고 일부러 거짓 이야기를 꾸며
퍼뜨렸다. "우리는 마을에 자유롭게 흩어져 술집에서 오믈렛도
주문하고, 사과술도 마시고, 마음 편히 떠들라는 지시를 들었습니다."
존 자비 상병이 회고했다.

"모든 작전에는 프레드 폭스의 손길이 닿았습니다." 베리 병장이
말했다. 폭스는 대본작가 겸 감독 역할을 도맡았다. "바람잡이
부대원들은 동네 술집과 사창가에 가서 가짜 이야기를 흘리는 훈련을
받았습니다." 폭스는 "별 대단한 훈련이 필요 없었다"고 회상했지만,
베리는 폭스가 매번 작전 수행에 앞서 병사들을 코치하던 일을
기억했다. "그는 우리를 모아놓고 '이러저러한 상황이 펼쳐질 것이고,

가짜 사령부 앞에 서 있는 보초병.

'특수 효과' 임무 수행 시 고스트 아미 병사들이 사용했던 반짇고리와
부대마크 중 일부(각각 제75, 95, 69보병사단 패치).

그러면 이렇게 말해야 하고, 자연스러워야 한다'고 당부했습니다.
이를테면 빵집에 가서 롤빵을 산 다음, '오늘밤 떠나기 때문에 추가
식량이 필요하다'는 식으로 말하라는 거지요."

　　로이 에이콘 미 육군 제병합동본부 전 연구개발본부장의 계부
조지 마틴도 이 부대에서 복무했는데, 그에 따르면 병사들은 가짜
부대 마크 여러 장 중에 제일 사이즈가 큰 패치를 맨 위에, 제일 작은
패치를 맨 밑에 놓고 군복에 겹겹이 꿰매 달은 후 상황에 따라 다른
부대를 사칭했다고 한다. "한 부대를 연기하는 임무가 끝났다는
지시를 받으면 해당 패치를 떼어버리고, 다음 마을로 이동해 한바탕
소란을 피운 뒤 또 패치를 뜯어내고 다른 데로 떠났습니다." 잭 메이시
상병은 너무 많은 패치를 꿰매는 바람에 나중에는 상의가
너덜너덜해졌다고 회상했다.

　　병사들은 기만작전에 열의를 가지고 임했다. "우리는 어떤

사단이나 특수부대가 즐겨 부르는 특정한 노래가 있나 알아냈습니다."
시러큐스가 회상했다. "그러곤 술에 취해서 그 노래를 불렀지요!"
406전투공병 중대원들은 헌병 흉내 내는 데 전문가가 됐다. 이들이
헌병 차림으로 검문하는 검문소를 통과하던 진짜 부대들은 그들이
비밀 임무를 수행 중인 가짜 헌병임을 알아차리지 못했다. 오스카 실
대위와 찰스 고먼 이병은 브르타뉴 작전 중 제80보병사단 헌병으로
분했다. 그들은 제80보병사단 헌병 복장으로 렌 마을 술집 10여 곳을
돌며 거기 있는 미군 병사들에게 이제 여기는 접근 금지 구역이니 남은
잔을 냉큼 비우고 꺼지라고 경고했다. 실과 고먼은 술을 한두 잔씩 꼭
걸치며 제80보병사단이 곧 도착한다는 말을 흘리곤 했다. 그러면
자정쯤엔 제80보병사단이 온다는 소문이 온 동네에 쫙 퍼졌다.

폭스는 고스트 아미 대원들이 자유롭게 장성 행세를 할 필요가
있다고 단호히 주장했다. "은색별로 표시된 지프만큼 주요 부대의
위치를 신속히 노출하는 건 없다"고 그는 메모했다. 장성 사칭 행위가
군법회의 회부감이라는 사실에 그는 조금도 동요하지 않았다. "다른
부대인 척한다는 발상 그 자체가 벌써 군법 위반 아니던가? 연기가
우리의 임무임을 기억하라. 남 흉내가 바로 우리의 일이다. 제대로 할
게 아니면 아예 시도하지 않는 게 낫다. 여장을 하라면서 가슴은
부풀리지 말라는 얘기인가." 폭스는 온통 흥분해서 클리퍼드 시멘슨
중령에게 장성 행세를 허가해야 할 필요성을 주장했다. 중령은 계속
이어지는 폭스의 말을 한참 듣다가 껄껄 웃으며 이미 허가가 났다고
말했다. 이에 따라 고스트 아미의 소위, 중위, 대위들은 대령이나
장성을 꽤 자주 사칭했다. 폭스 자신도 장성의 전속부관 역할을 맡아
나치와 협력하는 술집 주인들을 상대로 하는 기만작전에 참여했다.
폭스의 유일한 걱정은 괜히 어디서 진짜 장성과 맞닥뜨려 상황을
설명해야 하는 처지에 놓이는 일이었다.

병사들은 모방 대상 부대의 행동 방식을 흉내 내려고 최선을
다했다. "만약 그 사단이 주로 새벽에 정찰대를 내보내면, 고스트
아미도 똑같이 그렇게 했습니다." 서배스천 메시나 상병이 말했다.

"만일 그 사단이 휴식시간에 주로 소프트볼 경기를 하면 우리도 소프트볼을 했습니다."

기밀을 유지하려다 보니 종종 묘한 상황에 처했다. "적뿐 아니라 아군도 속여야 했습니다. 소문이 퍼지면 안 되니까요." 당시 대위 계급을 달고 406부대를 지휘했던 조지 렙 소장이 말했다. 혹시라도 적군이 기만전술에 당하고 있다는 사실을 알아챌 만한 힌트를 제공하는 상황은 피해야 했다.

렙 대위가 가짜 연대급 사령부를 설치하고 대령 행세를 하던 중에 이런 일도 있었다. 웨스트포인트 육군 사관학교 1년 선배였던 장교 두 명이 그 가짜 사령부를 방문한 것이다. 그들은 후배가 먼저 진급한 것을 보고 경악했다. "사관생도가 2년 만에 대령이 됐으니 꽤나 특이한 일이었지요." 두 장교는 돌아가는 길에 상사 한 명을 붙들고 어떻게 렙이 그렇게 빨리 대령이 됐는지 물었다. 상사는 적시적소에 있었던 것이 주효했다는 취지의 언급으로 대충 얼버무렸고, 두 장교는 여전히 렙의 초고속 승진이 어리둥절한 듯 고개를 저으며 자리를 떴다.

딕 시러큐스 중위는 작전 중에 타 부대에 복무 중이던 옛 친구와 마주친 일을 회상했다. 그는 시러큐스가 달고 있는 제83보병사단 마크를 유심히 들여다보았다. 지난번 만났을 때 시러큐스가 제5기갑사단 마크를 달고 있었고, 또 그전에는 다른 패치를 착용했던 일을 기억해냈다. 자신이 기만작전을 수행하고 있다는 증거를 봤으면서도 달리 설명할 길을 찾는 친구의 모습을 보며 시러큐스는 속으로 재미있어했다. 그래서 시러큐스는 자신이 좀 문제가 있어서 이 부대 저 부대로 계속 전출당하고 있다고 친구에게 고백했다. "야 너 조심해." 친구는 걱정스럽게 경고했다. "잘못하면 강등당해 소총수 되는 수가 있어." 시러큐스는 그저 미소만 지었다.

잭 맥글린 병장은 또 다른 기만작전에서 아슬아슬한 경험을 했다. 제90보병사단 마크를 부착한 지프를 운전하는데 진짜 90보병사단 헌병이 검문소에서 그를 정지시켰다. 벌지 전투(아르덴 대공세)가 벌어지던 시기였다. 이즈음 독일군도 자기들 나름대로 비밀부대원에게

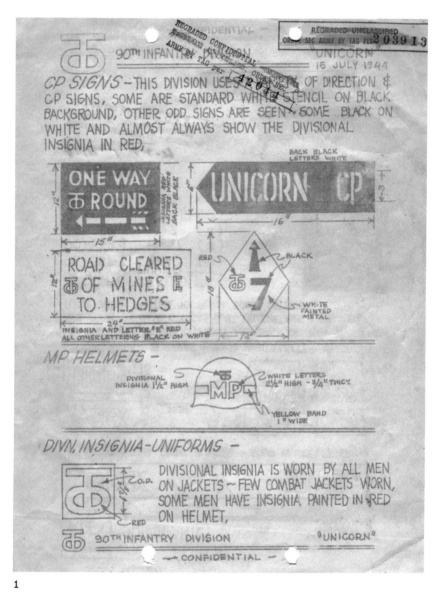

90TH INFANTRY

UNICORN
15 JULY 1944

CP SIGNS – THIS DIVISION USES ... OF DIRECTION &
CP SIGNS, SOME ARE STANDARD WHITE STENCIL ON BLACK
BACKGROUND, OTHER ODD SIGNS ARE SEEN, SOME BLACK ON
WHITE AND ALMOST ALWAYS SHOW THE DIVISIONAL
INSIGNIA IN RED,

ONE WAY ROUND
INSIGNIA RED
LETTERS WHITE
BACK BLACK

BACK BLACK
LETTERS WHITE
UNICORN CP
16"

ROAD CLEARED OF MINES E TO HEDGES
15"
24"
INSIGNIA AND LETTER "E" RED
ALL OTHER LETTERING BLACK ON WHITE

RED
BLACK
WHITE PAINTED METAL
12"

MP HELMETS –
DIVISIONAL INSIGNIA 1½" HIGH
MP
WHITE LETTERS 2½" HIGH – ¾" THICK
YELLOW BAND 1" WIDE

DIVN. INSIGNIA – UNIFORMS –
O.D.
RED
DIVISIONAL INSIGNIA IS WORN BY ALL MEN
ON JACKETS – FEW COMBAT JACKETS WORN,
SOME MEN HAVE INSIGNIA PAINTED IN RED
ON HELMET,

90TH INFANTRY DIVISION   "UNICORN"

CONFIDENTIAL –

1

1, 2 제90보병사단을 연기하기 위한 핵심정보가 담긴 배포자료.

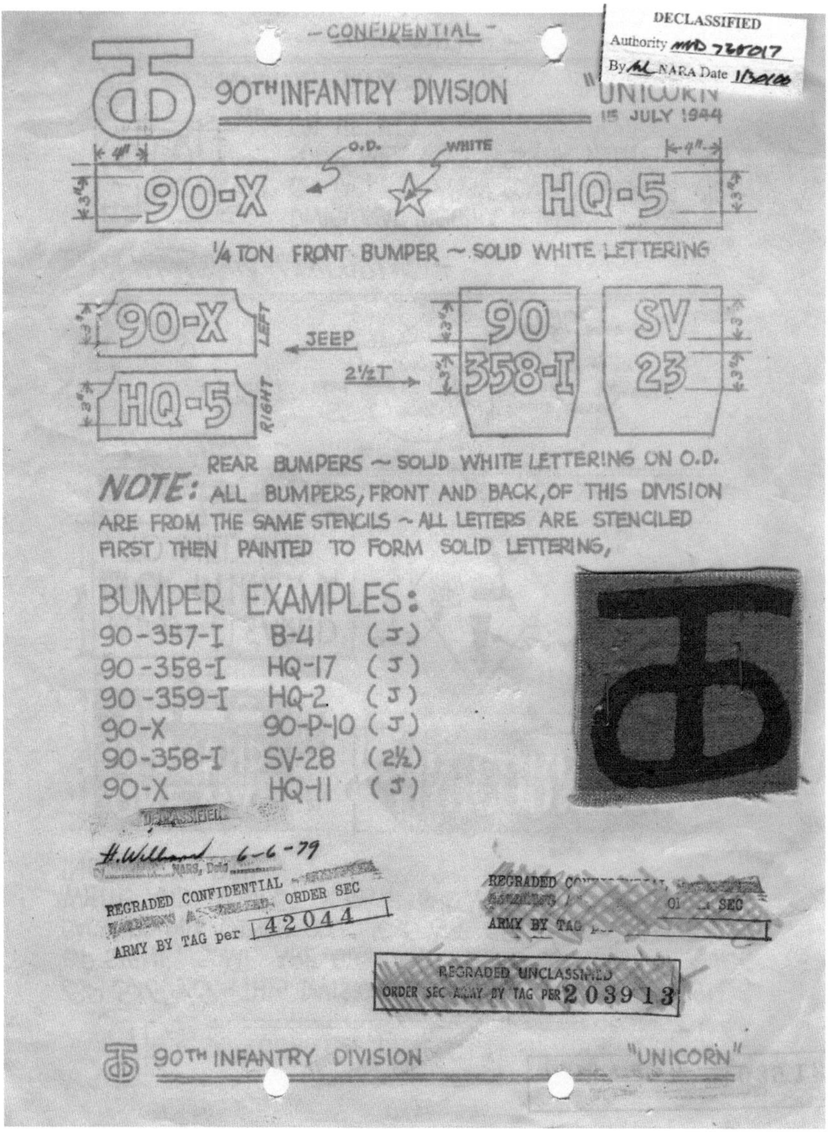

DECLASSIFIED
Authority NND 735017
By NARA Date 1/30/00

- CONFIDENTIAL -

90TH INFANTRY DIVISION "UNICORN"
15 JULY 1944

4"
4"
O.D.
WHITE
3"
90-X
HQ-5

1/4 TON FRONT BUMPER ~ SOLID WHITE LETTERING

90-X
LEFT
JEEP
HQ-5
RIGHT
2½T
90
358-I
SV
23

REAR BUMPERS ~ SOLID WHITE LETTERING ON O.D.

NOTE: ALL BUMPERS, FRONT AND BACK, OF THIS DIVISION ARE FROM THE SAME STENCILS ~ ALL LETTERS ARE STENCILED FIRST THEN PAINTED TO FORM SOLID LETTERING,

BUMPER EXAMPLES:

90-357-I	B-4	(J)
90-358-I	HQ-17	(J)
90-359-I	HQ-2	(J)
90-X	90-P-10	(J)
90-358-I	SV-28	(2½)
90-X	HQ-11	(J)

DECLASSIFIED
H. Willbaud 6-6-79
NARS, Date

REGRADED CONFIDENTIAL
ORDER SEC
ARMY BY TAG per 42044

REGRADED
SEC
ARMY BY TAG

REGRADED UNCLASSIFIED
ORDER SEC ARMY BY TAG PER 203913

90TH INFANTRY DIVISION "UNICORN"

2

미군 군복을 입혀 기만작전을 펼치고 있었기에 헌병들이 비상경계 태세에 들어간 상태였다. 그들은 맥글린에게 암호를 물었다. "모릅니다." 그러자 다시 지난달 암호를 물었다. 맥글린이 말했다. "모릅니다. 암호를 통지받은 바 없습니다."

헌병들은 자기들이 드디어 첩자를 잡고 영웅이 될 판국이라고 확신했다. 기관총을 움켜잡으며 맥글린을 쏘아보던 헌병은 또 질문을 던졌다. "고향이 어딥니까?" "보스턴입니다." 맥글린이 답했다. "보스턴은 넓은데, 보스턴 어느 지역이요?" 헌병이 물었다. "메드퍼드요."

그러자 헌병이 맥글린을 깜짝 놀라게 했다. "그럼 하버드 거리에 있는 학교 이름을 대보시오." "링컨학교." 맥글린이 대답하자 헌병의 긴장이 풀렸다. 그로부터 거의 70년이 흐른 지금 이 일화를 얘기하며 웃던 맥글린은 그날의 운 좋은 우연의 일치를 신기하게 여겼다. "전쟁에 동원된 남녀 인력이 총 2,000만인데 그중 우연히도 그 헌병이 우리 집에서 300미터 거리에 살던 사람이었던 겁니다. 제가 매일 지나다니던 집이었습니다."

작전에 대비하기 위해 고스트 아미 장교들은 전투부대들을 방문해 그들의 관행을 연구했다. "유럽전승일에 즈음해서는 아마 23부대 장교들이 유럽 작전전구(ETO)에서 가장 이동 경험이 많고 정보에 밝았을 것"이라고 폭스는 고스트 아미 공식 기록에 적고 있다. 23부대 미술가들은 제12군집단 소속 전 부대의 마크와 인식표를 상세히 기록했다. 이렇게 정보를 수집해둔 덕택에 촉박하게 명령을 받아도 수월하게 타 부대를 연기할 수 있었다. 하루는 조지 마틴 상병과 또 다른 병사 한 명이 사다리에 올라가 타 부대가 설치한 표지판의 크기를 쟀다. 그들은 누가 물어도 이유를 밝혀서는 안 된다는 명령을 받았다. 로이 에이콘이 훗날 계부 마틴에게 들은 바에 따르면, 하필 그 부대 대령이 지프를 타고 지나가다 이들을 보고 설명을 요구했다.

마틴 상병은, 똑똑한 사병이 약간 둔한 장교에게 참을성 있게 상황을 설명하는 전형적인 태도로 말했다. "표지판의 크기를 재고 있습니다."

대령은 그 대답에 만족하지 않고 다시 그 이유를 물었다.

마틴이 답했다. "저희는 표지판의 크기를 측정해 육군 표준규격에 부합하는지 확인하라는 명령을 받았습니다."

대령은 벌컥 화를 냈다. 그는 헬멧을 벗어 땅에 내동댕이치더니 고래고래 고함치기 시작했다. "빌어먹을 놈들! 지금 전쟁 중인 거 모르나! 이 상황에 관료주의라니! 병신들! 지금 최전방에 병사들 필요한 거 뻔히 알면서 병사들한테 표지판이나 재고 있게 하다니!" 두 병사는 애써 못 들은 척하고 하던 일을 계속했다.

'특수 효과'의 궁극적 목표는 다른 기만전술을 보조하고, 고스트 아미가 퍼뜨린 루머를 독일군 정보장교에게 한 번 더 확고하게 확신시키는 데 있었다. "어떻게 보면 좀 우스웠어요." 조 스펜스 이병은 고스트 아미가 행한 장난 같은 행각을 회상하며 말했다. "하지만 카페에 앉아 있는데 문 하나가 살짝 열리면서 누군가가 사진을 찍는 것을 보고 우리 작전의 효력을 확신하게 됐습니다."

고스트 아미의 설립을 돕고 작전을 감독한 참모장교 랄프 잉거솔은 훗날 회고록에서 특수 효과 전술에 관해 이렇게 요약했다. "특수 효과가 효과적이었다는 확실한 증거는 없지만, 수행할 만한 가치는 확실했다. 그리고 그 배역진은 제2차 세계대전을 통틀어 정말 남들의 부러움을 살 만한 임무를 맡았던 유일한 부대가 아니었나 한다."

113

'빨래', 빅터 다우드, 1944.

"아돌프 이 개새끼"

사랑하는 아내를 안고 따스한 불 앞에 앉을 수만 있다면
내 오른팔이라도 주고 싶은 심정이다.
— 밥 톰킨스 병장의 일기

7

1944년 8월 중순에 연합군은 노르망디 지역을 벗어나 프랑스 전역을 휩쓸기 시작했다. 제23본부 특수부대도 함께 이동했다. 목적지는 브르타뉴 반도 끝에 있는 항구도시 브레스트였다. 연합군이 브레스트를 포위하고 집중 공격했지만, 독일 공수부대가 끈질기게 저항하고 있었다. 고스트 아미도 브레스트 탈환을 돕기 위해 파견됐다. 여정은 이틀이 걸렸고 날씨는 구질구질했다.

603대대 지프 운전병 밥 톰킨스 병장은 빌 블라스 일병과 친했다. 블라스는 자신보다 연하인 톰킨스에 대해, "자신감 있는 태도, 준수한 용모에 에롤 플린[1930~40년대에 인기 많았던 미남 할리우드 스타—옮긴이]처럼 가느다란 콧수염까지 길러 왠지 세상 물정에 굉장히 밝은 인상"이라고 느꼈다. 톰킨스는 보안 규칙을 어겨가며 소형 주소록에 몰래 일기를 썼다. 들켰으면 "그 자리에서 총살"일지도 몰랐다. 그는 행여나 더 쓸 여백이 동날세라 가능한 한 작은 글씨로 깨알같이 수첩을 채워갔다. 전쟁이 끝난 후 블라스의 어머니가 그 기록을 타자로 쳐서 보관했다.

> **1944년 8월 21일**
> 오전 8시 10분 출발. 254킬로미터 이동. 앞 유리창과 덮개가 제거된 상태에서 폭우 속을 운전했다. 사랑하는 아내를 안고 따스한 불 앞에 앉을 수만 있다면 내 오른팔이라도 주고 싶은 심정이다. 오, 아돌프 이 개새끼. 나는 홀딱 젖어 꽁꽁 언 생쥐 꼴이었다.
>
> — 밥 톰킨스 병장의 일기

제2, 8, 29사단 등 미 육군 제8군단 소속 세 개 보병사단에 브레스트 탈환 임무가 맡겨졌다. 23부대의 임무는 제6기갑사단을 연기하여 브레스트로 진격하는 미군 병력의 규모를 실제보다 커 보이게 하는 일이었다. 그러면 독일 장군 헤르만 베른하르트 람케의 항복을 좀 더 쉽게 받아낼 수 있지 않을까 하는 바람이 깔려 있었다. 또한 독일군의

1

2

1 밥 톰킨스가 브레스트로 가는 길에 지프차 백미러에 비친 자신의 모습을 그린 자화상.
   "그림 속 내 꼴이 정말 엉망인데, 실제로도 그랬다."
2 밥 톰킨스가 일기를 쓴 수첩.

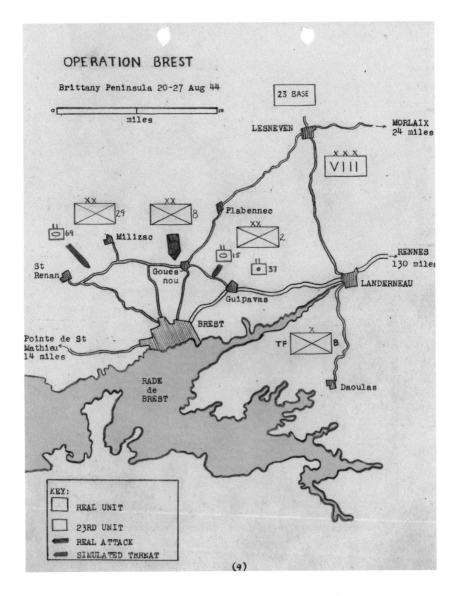

OPERATION BREST

Brittany Peninsula 20-27 Aug 44

0 |_____| 10
          miles

23 BASE

LESNEVEN

MORLAIX
24 miles

XXX
VIII

XX
29

XX
8

Plabennec

XX
2

69

Milizac

15

37

RENNES
130 miles

St
Renan

Goues-
nou

LANDERNEAU

Guipavas

BREST

X
TF 8

Pointe de St
Mathieu
14 miles

RADE
de
BREST

Daoulas

KEY:
□ REAL UNIT
□ 23RD UNIT
◀ REAL ATTACK
◀ SIMULATED THREAT

(9)

1945년에 제작된 브레스트 작전 지도.

각종 대전차 병기들을 측면으로 분산시켜 미군의 중심부 공격을
수월하게 만들어주려는 목적도 있었다. 음향기만작전 부대도 드디어
프랑스에 도착한 참이라, 고스트 아미의 입장에서 이번 브레스트
작전은 모든 기만작전 수단을 동시에 활용해볼 첫 기회였다.

고스트 아미는 가공의 세 개 특무부대로 나뉘었다. 그중 두
부대는 전차대대를 흉내 냈다. 브레스트로 가는 길목에 배치된
통신차량은 수송대가 도착한 듯한 상황을 연출했고, 최초로 작전에
임하는 음향장치 탑재차들은 독일군 전선에서 500미터 떨어진
지점까지 다가가 마치 전차대대가 막 도착해 베이스캠프를 차리는
듯한 음향 효과를 내다가 포탄 세례를 받았다. 이 반궤도 장갑차들은
전부 폭탄이 설치되어 있어 적군에 포위될 상황에 처하면 운전병이
차를 폭파해야 했다. "계기판 밑에 유리 장치가 있었습니다. 일단 그
유리를 깨면 장갑차가 폭파되기 전에 수초 내로 빠져나와야 합니다."
해럴드 플린 이병이 회상했다. 무슨 일이 있어도 음향장치 탑재차가
적의 손에 넘어가는 일은 없어야 했다.

야간에 고무 지프와 트럭 그리고 50대가 넘는 고무 전차에 공기를
주입했다. 폭우가 내려 고무 장비 다루기가 여의치 않았다. 위장
그물이 설치되고, 눈에 제일 잘 띄는 위치에 진짜 경전차 몇 대를 고무
전차와 함께 배치했다. 병사들은 고무 전차들을 세워놓은 곳 주변에
불을 피우고, 텐트를 치고, 해가 나면 빨래도 널었다. 전부 적을 속이기
위한 연출이었다.

119

1944년 8월 24일

물건들을 손봤다. 오후 9시에 다시 해체했다. 500미터 전진
이동해 새 지점에 전차를 새로 세웠다. 윌리[블라스]와 나는
천막을 치고, 장대비가 내리는 천막 밖으로 두 발이 삐져나간
상태로 오전 3시쯤 기절하듯 잠들었다.

— 밥 톰킨스 병장의 일기

1

2

1 반궤도 장갑차에 장착한 스피커의 볼륨을 키우고 있는 병사들.
2 손상된 위장 군수품을 손보는 수리소를 위장 그물 아래 설치했다.

저 멀리 교회 첨탑 위에서 망을 보는 독일군 정찰병의 모습이 톰킨스의 시야에 들어왔다. 603부대원들은 특히 동트기 직전에 더욱 신경 써서 고무 장비들을 살펴야 했다. "밤사이 고무에서 바람이 빠져 모양이 찌그러지면 이튿날 아침에 곤란해지기 때문이죠." 병사들은 독일군의 포격을 피하고자 참호를 파 몸을 숨겼다. 도착하고 처음 며칠간은 포격이 잦았지만 별로 심한 편은 아니었다.

특수 효과도 본격적으로 작전에 활용됐다. 병사들은 군복과 트럭에 제6기갑사단 마크를 달고, 가짜 전차부대와 마을 사이를 왔다 갔다 했다. 야간에 전차가 도착하는 소리를 들은 다른 부대 미군 병사들은 다음 날 아침 제6기갑사단 병사들을 보고 반가워했다. 존 자비는 이렇게 회상했다. "우리가 도착하자 병사들이 '우리한테 딱 필요했던 중전차가 왔다'며 막 달려와서 '우와, 와줘서 진짜 반갑다'는 거예요."

제3의 가공 특무부대는 가짜 포병부대를 연출했다. 제37야전포병대대 전방 500~750미터 지점에 고무 대포들이 설치됐다. 야간 포격을 연출하기 위해 섬광탄이 동원됐다. 섬광탄은 탄약통을 흑색 화약 240그램으로 채워 전기로 점화하는 구조였다. 진짜 포병부대의 포격과 고스트 아미의 가짜 섬광탄 점화는 상호 통신을 통해 동시에 일어나게 조절했다. 이렇게 기만작전이 진행된 사흘 밤 동안 가짜 포병부대는 스무 차례 이상 적군의 포격을 받았으나, 진짜 포병부대는 한 번도 포격을 받지 않았다.

이 기만작전은 여러 면에서 성공적이었다. 제8군단 참모총장 사이러스 시어시 대령은, "적의 공중정찰이나 첩자를 완전히 속여 넘길 만큼 완벽한 시각 효과였다"고 보고했다. 음향 효과도 1킬로미터 이상 떨어진 지점에 있던 미군 공병부대가 듣고 전차가 모여든다고 믿을 정도였다고 대령은 언급했다. 적군도 속은 듯했다. 방어가 더 시급하다고 판단한 쪽으로 독일군이 88mm 대전차포 20~50대를 재배치했다고 정보장교들은 보고했다. 브레스트가 함락된 후 람케 장군은 심문관들에게 기갑사단이 진짜로 코앞에 와 있는 줄 알았다고

1

2

1 '저격수의 망루', 아서 실스톤, 1944.
2 '동틀 무렵 아래로 늘어진 화포', 아서 실스톤, 1944.

진술했다. 하지만 그것은 유령부대가 만들어낸 신기루였다.

　　그러나 이 기만작전으로 람케의 조기 항복을 받아내지는 못했다. 그가 이끄는 병력은 미군이 예측한 수준의 두 배 규모였고 4주 넘게 저항했다. 게다가 고스트 아미가 성공적으로 독일군의 이목을 끌고 있는 바로 그 지점에서 하필 다른 미군 부대가 공격을 개시하는 실수를 범해 치명적인 결과로 이어졌다.

　　제8군단 지휘관 트로이 미들턴 장군은 8월 25일 오후 1시를 기해 총공격을 가하라는 명령을 내렸다. 밥 톰킨스는 공격 개시 장면을 아주 가까운 데서 목격했다.

> 1944년 8월 25일
>
> 불꽃놀이 개시. 엄청난 집중포화를 퍼붓는 장관을 헤지로우 위에 서서 구경했다. 약 400미터 전방에 포탄이 떨어지고, 기관총, 소총, 박격포 소리가 들려왔다.
>
> — 밥 톰킨스 병장의 일기

의사소통의 부재 때문이었는지, 아니면 기만작전의 효과를 과소평가했던 것인지, 미군 경전차 중대 하나가 고스트 아미가 가짜로 전차대대를 연기하던 지점에 진입해 독일군을 포격하는 일이 벌어졌다. 고스트 아미의 가짜 전차들을 향한 독일군의 88mm 대전차포 포격은 불행히도 그 진짜 경전차 중대에 타격을 입혔다. "그 친구들은 공격개시선에 도달해보지도 못한 채 그 자리에서 섬멸당했습니다." 존 자비 상병이 회상했다.

　　자비 자신도 바로 이 교전 중에 하마터면 목숨을 잃을 뻔했다. 근처 언덕에 지프를 세우고 상황을 관찰하던 그는 포탄 몇 개가 자기 쪽으로 날아오는 소리를 들었다. "제길, 여기를 벗어나야 해, 그렇게 생각하면서 지프에서 빠져나오려고 하는데 총끈이 핸들에 걸려 나올 수가 없었습니다." 포탄 두 개가 지프에서 불과 몇 미터 거리에 떨어졌다. 다행히도 둘 다 불발탄이었다. "쿵, 쿵, 하고 떨어지면서

흙먼지가 일었지만 폭발하지는 않았습니다. 구사일생이었지요."

경전차 중대가 당한 일은 8월 27일 그곳에서 철수한 후에도
23부대원들의 마음을 무겁게 했다. 특히 자비는 그 중대원들이
제6기갑사단 중전차의 지원을 받을 거라고 확신했을 것이라는 사실에
마음이 아팠다. "그들이 거기서 공격을 감행할 줄은 미처 몰랐습니다."
자비가 말했다. "그들도 우리가 도울 수 없다는 사실을 전혀 몰랐고요.
정말 너무 씁쓸합니다." 23부대의 작전장교 클리퍼드 시멘슨 중령은 이
사건을 통해 부대 간의 신중한 조정과 의사소통이 결정적으로
중요하다는 사실을 통감했다. 그렇지 못하면 치명적일 수 있었다. 그는
작전분석 보고서에, "기만작전 수행 장소에서 경전차들이 적을
공격하지 말았어야 했다. 아니면 23부대가 기만작전을 다른 곳에서
수행했든가"라고 적었다. 이후 고스트 아미는 브레스트에서 겪은
교훈을 늘 염두에 두고 작전에 임했다.

브레스트 기만작전에는 고스트 아미의 절반만 참가했다. 나머지는
브르타뉴 지역의 소도시 토르세 부근 옛 성터에 막사를 쳤다. 다른
동료들이 비를 맞으며 고무 전차에 바람을 넣거나 독일군의 폭격을
당하는 동안, 토르세에 온 병사들은 프랑스 도착 후 처음으로
레스토랑에서 프랑스 요리를 맛보는 호사를 누렸다.

'프랑스 어딘가에서', 클리오 호블, 1944.

브레스트 작전이 끝나고 다시 한자리에 모인 고스트 아미는 조지 패튼 장군의 제3군을 지원하는 또 한 차례의 기만작전을 준비했으나, 패튼의 군대가 굉장히 빠른 속도로 돌진하는 바람에 개시하기도 전에 취소됐다. 병사들은 빨리 집에 갈 수 있겠다고 낙관했다. 해럴드 레이너 이병은 아내에게 보내는 편지에 이렇게 적었다. "한 달이면 전쟁이 끝났다는 소문이 도는데 제발 근거 있는 소리였으면 하고 신에게 기도하고 있어." 9월 1일쯤 병사들은 상스 근처에 있는 모니에서 야영했다. 연료가 거의 떨어진 406전투공병중대는 연료를 구하러 정찰대를 보냈다. 그러나 발견한 연료는 그들이 찾던 종류의 연료가 아니었다. 정찰대가 우연히 찾아낸 독일 국방군의 창고는 와인과 독주로 그득했다.

다들 이 상황의 군사적 중요성을 금방 이해했다. 용량 2.5톤짜리 화물트럭 여러 대가 창고로 보내졌다. 군이 상부에 보고하는 불편은

'로버트 A. 조지', 잭 메이시, 1944.

감수하지 않았다. 창고를 지키던 프랑스 경비병은 체스터필드 담배 몇 보루를 받고 눈을 감아주었다. 이렇게 '해방된' 술은 부대로 수송되어 전 대원에게 배분됐다.

> 23부대는 교묘한 방법으로 코냑 520상자(6,240병)를 손에 넣을 수 있었다. 코냑이 연료라면 지프 한 대가 3만 5,000킬로미터도 충분히 달릴 정도의 양이었다. 과장이 아니다. 오죽했으면 이 야영지에 "코냑의 언덕"이라는 별명이 붙었겠는가.
> — 제23본부 특수부대 공식 기록

딕 시러큐스 중위에 따르면 트럭은 코냑만 싣고 온 게 아니었다. "쿠앵트로, 칼바도스, 브랜디 등등 온갖 술이 가득했습니다. 모젤와인이 담긴 2,000리터들이 나무 술통도 있어서 우린 그것을 물 대신 마시곤 했습니다."

병사들은 그 술들을 마셔 없애는 일을 애국의 의무로 여겼다. "독일군이 해야 할 일을 우리가 많이 도와준 셈이죠." 스파이크 베리 병장이 웃으며 말했다. 해럴드 달 이병은 코냑 병 라벨을 뜯어 고향에 있는 가족에게 보내면서, "최상품 코냑은 아니었지만 그래도 즐겁게 마셨다"고 편지에 적었다.

(사람 말고 차량에 주입할) 연료 부족으로 부대는 그 야영지에서 나흘을 더 보냈는데, 대부분 술에 젖어 지냈다. 프레드 폭스 중위에 따르면 상급 장교들도 예외는 아니었다. "대령님도 완전히 취해 정신이 없었습니다. 부하들이 사흘간이나 만취의 반란을 일으켰는데도 상관하지 않았습니다."

곧 전차에 주입할 연료가 도착하고 진군 명령이 내려졌다. 모두가 그 소식을 반가워했다. 특히 603부대 소속 젊은 예술가들은 더욱 그랬다. 드디어 진군한다. 목적지는 지금 막 독일 치하에서 해방된 찬란한 세계 예술문화의 수도, 파리였다!

해방된 파리에 온 고스트 아미 병사들, 1944.

파리에서의 막간 휴식

젊은 여성들에게 둘러싸여 열심히 불영사전을 뒤지는 병사를
블록마다 적어도 한 명은 볼 수 있어.
— 프레드 폭스 중위의 편지

8

1944년 8월 25일, 파리는 4년 넘게 이어진 독일의 지배에서 해방됐다. 여러 프랑스 국왕들이 살았던 훌륭한 성채의 소재지이기도 한 파리 근교의 생제르맹앙레에 제23본부 특수부대가 도착한 것은 해방일로부터 두 주가 흐른 뒤였지만, 파리 시민들은 여전히 축하 무드에 휩싸여 있었다. 부대는 오래된 학교 건물에서 지냈으나 샤워실에 테니스코트까지 있어 병사들은 자신들의 처지를 호화롭게 여겼다. 더구나 앞으로 며칠간 희열에 들뜬 파리가 제공하는 향락을 맛볼 기회가 생긴다는 기대감에 들떴다.

> 파리는 너무 빈번히 출입 금지와 허가가 반복되어, 다들 혼란스러워하며 기회만 생기면 파리로 향했다. 정말 멋진 도시였다. 건축적인 면은 전혀 변하지 않았다. 자전거를 타고 치맛자락을 휘날리며 쌩쌩 지나다니는 젊은 여성들의 모습이 마치 귀여운 인형 같았다. 그들은 얼굴이 발간 노르망디 농가의 딸들하고는 확연히 달랐다. 파리 사람들은 우리를 반겼다.
> — 제23본부 특수부대 공식 기록

1

2

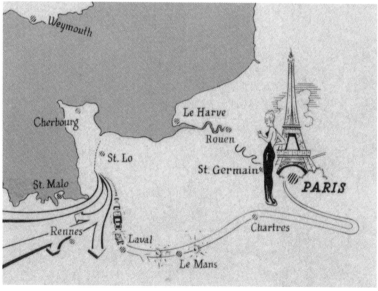

3

1 '헤이', 클리오 호블, 1944.
2 1944년 8월, 해방된 도시를 행진하는 연합군에게 환호를 보내는 파리 시민들.
3 23부대의 작전지도, 1945.

파리를 구경하는 고스트 아미 병사들, 1944.

'창의성을 발휘해 자전거 타기', 빅터 다우드, 1944.

모든 병사가 빛의 도시로 바람 쐬러 가고 싶어 했다. "아직 저격수도
남아 있고 약간의 문제가 지속되고 있었지만, 그래도 우리는 몰래
파리로 갔습니다." 딕 시러큐스 중위가 회상했다. 윌리엄 세일스
이병에게 이 시점은 유럽 복무 중 "최고의 순간"이었다. 해럴드 달
이병은 도심에서 보내는 하루를 최대한 활용했다. 지하철도 타고,
에펠탑 아래를 걷고, 방돔 광장을 가로지르고, 뤼 드 라 페 거리와
오페라 극장을 지나, 센 강을 따라 거닐었다. 밥 톰킨스 병장은 친한
병사들과 함께 노트르담 대성당 앞에 차를 세우고 개선문 쪽으로
걷는데 프랑스인 두 명이 도시 투어를 시켜주겠다고 제안했다. "아담한
16세 소녀가 자기만 아는 도시의 구석구석을 보여주었다"고 톰킨스는
비밀 일기에 적었다. 엘즈워스 켈리는 홀로 파리를 거닐며 그 경험에
압도됐다. 켈리의 친구 빌 그리스월드는 어찌어찌 꾀를 내어 피카소의
스튜디오에 초대받았지만, 켈리에게 같이 가자고 제안하지 않았다.
매우 수줍은 성격인 켈리가 거장 앞에서 어색해할 터였기 때문이다.
켈리는 전쟁이 끝난 후 제대군인원호법의 지원을 받아 다시 파리로
온다. 그리고 그때 시도한 미니멀리즘 화풍으로 유명해진다.

　해럴드 레이너 이병은 아내에게 이렇게 편지했다. "파리는
분위기가 완전히 달라. 파리 여인들도 프랑스의 다른 지역 여인들과
달라. 가장 예쁘고 귀여워. 물론 당신 다음으로 말이지." 프레드 폭스
중위도 프랑스 여인들의 "근사한 헤어스타일"과 "알록달록한
블라우스"가 미군들을 매료시킨다고 편지에 적었다. "젊은 여성들에게
둘러싸여 열심히 불영사전을 뒤지는 병사를 블록마다 적어도 한 명은
볼 수 있어." 몇 달 후에는 미군에 무심하거나 심지어 적대하기도
했지만 파리 시민은 해방 직후 처음 몇 주 동안 미군이라면 쌍수를
들고 환영했다. "프랑스의 다른 어느 지역보다도 파리에서 미군에 가장
친근감을 갖고 고마워했다"며 레이너는 놀라워했다. 해럴드 달도
비슷한 경험을 어머니에게 편지로 전했다. "미군은 그들에게 멋진
존재였습니다."

　빅터 다우드 병장이 파리 여성을 처음 겪은 것은 동료 병사와 함께

1

2

1 '파리 '44', 클리오 호블, 1944.
2 '위제트', 리처드 모턴, 1945.
1945년 2월 파리에서 3일간 휴가를 보낸
모턴이 19세의 위제트 게랑드를 모델로
그린 그림. 그는 1944년 파리 해방 직후에
위제트의 언니 니콜을 만나, 전쟁이
지속되는 동안 그녀와 계속 편지를
주고받았다.

생제르맹앙레의 사창가. 고스트 아미 장교가 촬영한 이 사진에서 병사들은 "공식 미국 뉴스 사진기자"라고 적힌 패치를 달고 있다.

생제르맹앙레 사창가에 갔을 때였다. "제게는 그림을 그릴 좋은 기회였습니다." 그는 정색을 하고 말했다. "제가 뭐 툴루즈 로트레크는 아니지만, 눈앞에 속옷만 걸친 여자들이 있는 겁니다. 제가 앉은 탁자에 도리스라는 여성이 와서 앉았습니다. 한 손에는 와인 잔을, 다른 한 손에는 담배를 들고 하이힐을 신었는데, 거의 알몸이나 다름없었습니다. 도리스가 저보고 방으로 올라가자고 유혹했어요. 제가 그린 그림을 주면 따로 한 푼도 안 내도 됐지만, 별로 방으로 올라가고 싶은 기분이 아니어서 그냥 계속 그림만 그렸습니다."

제1차 세계대전 참전용사였고 지금은 생제르맹알레에 사는 영국인 하나가 사이드카가 달린 오토바이를 가지고 나와 다우드에게 파리까지 데려다주겠다고 제안했다. "샹젤리제를 달리며 개선문이 내게로 점점 가까이 다가오던 장면을 결코 잊지 못할 겁니다."

136

생제르맹앙레 사창가를 소재로 한 빅터 다우드의 스케치들.

파리의 유명한 유흥업소 '오 벨 풀'(아름다운 영계들)의 업소명함.

다우드의 스케치북은 파리 여인들의 모습으로 가득했다. 그는 어느 카페에서 한 젊은 여성을 그렸다. 잠시 후 그들은 팔짱을 끼고 거리를 거닐었다. (다우드의 이야기에는 그와 데이트한 여성들이 자주 등장한다. "이러니 제가 꼭 카사노바였던 것 같네요. 아마도 스케치북 때문이었을 거예요!") "야, 빅터!" 누가 그를 불렀다. 돌아보니 어린 시절 브루클린에서 함께 공놀이하던 친구였다. 지금은 공군에 복무하고 있었다. 그는 다우드의 데이트 상대가 혹시 자기에게 여성을 소개해줄 수 있는지 물었다. "지금 그럴 상황이 아니었지요." 다우드는 새 여자친구를 곁에 단단히 붙잡아두고, 옛 친구는 혼자 알아서 해결하게 했다. 그들은 곧 각자 가던 길을 갔다.

다우드와는 달리 아서 실스톤 상병은 파리에서 별로 그림을 그리지 못했다. "바빠서"라는 게 이유였다. 무엇 때문에 그리 바빴을까? "우리 모두 복무 중 나름대로 비밀이 있습니다." 일단 그렇게 답한 뒤, 그는 조금 느슨해졌다. "우리는 밤이면 파리에 가서 잔뜩 취해 복귀하고, 다음 날도, 또 그다음 날도 같은 일을 되풀이했습니다."

밥 콘래드 중위와 다른 장교 네 명은 파리 근교에 도착한 바로 다음 날 지프를 타고 파리로 향했다. "파리의 공기를 마음껏 들이마실 작정이었습니다." 노트르담 대성당을 찾고 있던 그들은 자신들을 환호로 맞아주던 한 미국 여성에게 성당 가는 길을 물었다. 그 여성은 마침 그날 개선문에서 열리는 축하의례에 아이젠하워 장군이 참석하니 그리로 가보라고 권했다. "성당은 아무 때나 갈 수 있잖아요." 그들은 그녀의 권유를 따랐다. 통신부대 군복을 입고 있던 그들은 이제 다들 기만작전의 달인들이 된 만큼 통신부대 소속 사진병인 척하며 연단에 가까이 다가갔다. 그들은 아이젠하워 장군이 무명 병사의 무덤에 화환을 놓는 장면을 지켜봤다. 악대가 '라마르세예즈'를 연주하자 콘래드는 눈물이 날 뻔했다. "정말로 감격스러웠습니다. 나중에 우리가 프랑스를 해방하면서 좀 오버하기는 했지만, 그때만 해도 프랑스인들이 우리에게 큰 호감을 보였지요."

향수나 고급품을 구입하는 일은 비교적 수월했고, 가격도 나중에
비해 초기에는 그리 비싸지 않았다. 담배, 미군용 레이션
초콜릿과 치즈는 환영선물로 훌륭했다. 우정도 맺어졌다. 잘
차려입은 민간인을 지프에 가득 태우고 샹젤리제를 달리노라면,
전쟁이 다 끝난 것 같은 기분이 들었다.

— 제23본부 특수부대 공식 기록

누구나 속으로 같은 생각을 했다. 파리는 해방되고 독일군은 도주하고
있으니, 전쟁이 끝날 날도 머지않은 듯했다. 그러나 현실이 너무도 금방
훼방을 놓았고, 한가롭던 파리에서의 막간 휴식은 갑작스레 종료됐다.
전쟁은 전혀 끝난 것이 아니었다. 고스트 아미는 최대한 신속히
프랑스를 가로질러, 프랑스-독일 국경 부근에서 조지 패튼 장군의
제3군을 또 한 차례 지원하라는 명령을 받았다. 이번 전쟁에서 가장
절박한 도박이 될 작전이었다.

'노트르담', 아서 싱어, 1945.

베텐부르크에 설치된 모조 전차.

위태롭게 지켜낸 전선

무한궤도가 숲속을 달리는 굉음이 들렸습니다. 사단 하나가
통째로 모여드는 소리 같았습니다. 확성기가 울려 퍼지고,
병장들이 "그 빌어먹을 담배 당장 끄지 못해" 하고 소리를
질렀습니다. 전부 가짜였습니다. 거창한 연극이었죠.
— 빅터 다우드 병장

9

조지 패튼 장군은 퉁명스러운 말투, 거친 입담, 상아 손잡이 리볼버, 적에 대한 거침없는 공세로 유명했다. "의심스러울 땐 무조건 공격!"이 그의 모토였다. 8월 중순 브르타뉴에서 적군을 깨끗이 밀어낸 패튼의 제3군은 프랑스를 가로질러 모젤 강과 독일 접경지역까지 밀어붙이다 연료가 떨어지고 독일군의 저항이 심해지자 비로소 진군을 정지했다.

패튼이 프랑스 성곽도시 메츠를 공격하고자 군대를 집결시키는 과정에서 북으로 110킬로미터에 걸쳐 위험한 공백이 생겼다. 이 지역을 지키는 부대는 제임스 포크 대령이 지휘하는 제3기병연대(기계화)가 유일해 빈틈이 컸다. 한편 프랑스에서 무질서하게 후퇴한 독일군은 다시 전열을 가다듬기 시작했다. "그 110킬로미터 공간이 사실상 텅 빈 상태임을 독일군이 알아채면, 그리로 손쉽게 치고 들어올 수 있었다"고 군역사학자 조너선 건은 말한다. "독일군의 기계화 부대가 그곳으로 밀고 들어왔으면, 메츠 남쪽에서 패튼의 군대가 포위당했을 수도 있다. 위험이 굉장히 컸다." 그래서 23부대가 구출작전에 나섰다. 또 한 차례 제6기갑사단을 연기해 전선에 뚫린 구멍을 막는 야심 찬 임무였다. 진짜 제6기갑사단은 아직 한창 동진하는 중이었다. 이번 기만작전은 23부대의 가장 위험한 작전이 될 터였다.

그들은 파리로부터 400킬로미터를 달려 목적지에 도착했다. 유명한 제1차 세계대전 전투지역 베르됭을 지나, 프랑스 국경을 넘어 룩셈부르크로 진입했다. 거리로 몰려나온 에슈쉬르알제트의 시민들은 캔버스 천이 덮인 반궤도 장갑차와 밀폐된 트럭 속에 무엇이 숨겨져 있는지 전혀 알지 못한 채, 최전방으로 향하는 미군 부대에 환호를 보냈다. 9월 15일 밤 이들은 룩셈부르크 시의 바로 남쪽 베템부르크 부근에서 정지했다. 밥 톰킨스 병장은 최전선에서 너무 가까운 점을 염려했다. 근방에 전투부대도 거의 없고, 최전선이 정확히 어디인지조차 아무도 몰랐다. 동쪽으로 3킬로미터 거리일 것으로 짐작할 뿐이었다. 겨우 몇 시간 눈을 붙인 뒤 다음 날 아침 바로 새 임무에 뛰어들었다.

'메츠', 앨빈 쇼, 1944.

1944년 9월 16일

3시에 숲속에 도착했다. 주변에서 전차들이 움직였다. 일찍
기상해 패치를 착용하고 고무 전차를 설치했다. 기갑보병대대를
연기하느라 불을 피웠다. 매시간 트럭이 읍내로 나가 동정을
살폈다. 베템부르크 주민 가족과 함께 맥주 1리터를 마셨다.

— 밥 톰킨스 병장의 일기

베템부르크 작전에서는 고무 전차 스물세 대만 배치했다. 연합군의
항공 전력 우세로 독일군의 항공정찰이 약화된 까닭에, 시각적 기만의
중요성은 상대적으로 감소했다. 대신 통신, 음향, 특수 효과가 이번
기만작전의 핵심이었다. 모젤 강 바로 건너편 가까이에 독일군이
있었으므로 음향기만작전이 특히 중요했다. 음향기기 탑재차들은
나흘 밤 연속으로 작전을 수행했다.

빅터 다우드 병장은 밤에 그 음향 효과를 들었다. "무한궤도가

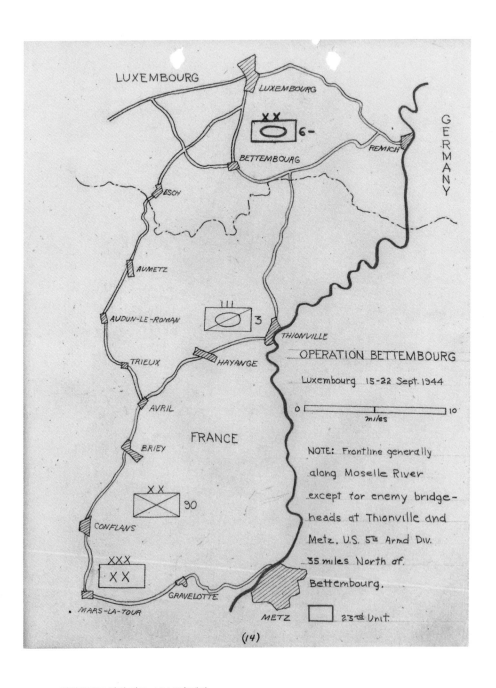

베템부르크 작전 지도. 1945년 제작.

'특수 효과', 아서 실스톤, 1985. 트럭에 병사가 가득 탄 듯한 효과를 내기 위해 캔버스 천 덮인 트럭 뒤에 병사 두 명이 앉아 있다.

숲속을 달리는 굉음이 들렸습니다. 사단 하나가 통째로 모여드는 소리 같았습니다. 확성기가 울려 퍼지고, 병장들이 '그 빌어먹을 담배 당장 끄지 못해' 하고 소리를 질렀습니다. 전부 가짜였습니다. 거창한 연극이었죠."

음향기기 탑재차들이 전차 들이닥치는 소리를 내며 콘서트를 여는 동안 딕 시러큐스 중위가 이끄는 소대는 주변 경비를 담당했다. 갑자기 기갑부대 대령이 "길에 바람처럼 나타났다"고 시러큐스는 회고했다. "방탄조끼에 수류탄이 주렁주렁 달려 있고 톰슨 기관단총을 들고 있는 모습이 완전히 괴물 같았습니다."

"이게 지금 어떻게 된 건가?"

"무슨 말씀이십니까, 대령님!" 시러큐스가 대답했다.

"전차들이 여기서 뭐 하고 있는 거냐!"

시러큐스는 실은 이곳에 전차가 없다고 애써 상황을 설명했다. 대령은 욕설을 퍼부었다.

146

1 '덮개를 제거해!', 월터 아넷, 1945.
2 '프랑스 '44', 제임스 스테그, 1944.

"무슨 소리야! 내가 똑똑히 들었는데! 전차가 분명히 와 있다고! 그런데 여기 전차가 온다고 아무도 내게 알려주지 않았단 말이야!"

결국 대령은 상황을 이해했다. 이번 기만작전을 브리핑하는 회의에 대령이 참석하지 못했는데 부관이 아직 작전 내용을 그에게 전달하기 전에 이런 일이 생긴 것이었다. 시러큐스와 헤어지며 대령이 말했다. "원, 자네들한테 완전히 속을 뻔했군."

음향장치와 적군이 있는 곳 중간 지점에 배치되어 음향기만부대를 경호하느라 밤을 새우곤 하던 시러큐스도 때때로 혼동을 일으켰다. "자꾸 들으니 눈에도 보이려고 하더군요." 그가 회상했다. "심리적으로 너무 무서운 경험이었습니다. 어둠 속에서 정말로 전차가 눈에 보이더라니까요."

통신도 이번 기만작전에서 큰 비중을 차지했다. 고스트 아미 통신병들은 세 개의 가짜 통신망을 생성하고 진짜 통신망 두 개와 소통했다. 다양한 특수 효과 책략이 구사됐다. 범퍼에 달린 마크와 패치도 교환했다. 부대원 전원은 제6기갑사단의 간략한 역사를 익힌 후 근처 마을에 파견됐다. 병사들은 휴가 나온 척하면서 카페나 술집에 가서 자기 소속 사단 이야기를 흘렸다. 406부대원들은 제6기갑사단 소속 헌병 제복을 입고 사거리 길목을 순찰했다. "범퍼 사진을 찍든지, 메모를 하든지, '우호적'인 질문을 던지며 민간인을 관찰했습니다." 작전 중 음주는 금지였지만, 특별히 이 금지령은 지키기보다는 어기는 일을 더 명예로 여겼다. 오스카 실 대위는 공식 보고서에 이렇게 적었다. "부하 중 읍내에서 음주하다 잡힌 사례는 없으나 분명히 일부 음주 행위가 있으리라고 확신한다."

원래 베템부르크 작전은 제83보병사단이 도착해 공백 지대를 메워줄 때까지 이틀간 지속될 예정이었다. 그러나 제83보병사단은 늦어졌고, 기만작전은 계속 위태롭게 연장됐다. 시간이 흐를수록 적군이 기만전술을 꿰뚫어 볼 위험은 커졌다. 독일군 보병사단은 미군 제6기갑사단을 막기 위해 강을 건너오고 있었다. 병사들 사이에 긴장감이 커졌다. 밥 콘래드 중위의 말마따나 고스트 아미와 독일군

WIRE DIAGRAM #2

Operation BETTEMBOURG

15-22 Sept 1944

TOP SECRET

A ▭ 6 (BACON)

(BAMBOO) ▭ 6 R ▭ 6 (BACK)

▱ 43 (CACTUS)

⊠ 358 (UTOPIA)

⊠ 90 (UNICORN)

⊠ (COMET)

KEY:

▭ Real units.

▭ BLARNEY units.

‒ ‒ ‒ Wire of real units.

——— BLARNEY wire.
(Does not include locals
to all units around CP.

TOP SECRET

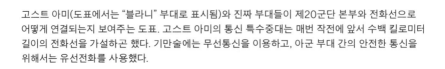

고스트 아미(도표에서는 "블라니" 부대로 표시됨)와 진짜 부대들이 제20군단 본부와 전화선으로 어떻게 연결되는지 보여주는 도표. 고스트 아미의 통신 특수중대는 매번 작전에 앞서 수백 킬로미터 길이의 전화선을 가설하곤 했다. 기만술에는 무선통신을 이용하고, 아군 부대 간의 안전한 통신을 위해서는 유선전화를 사용했다.

148

1

2

1 '네츠 부근', 조지 밴더 슬뤼스, 1944.
2 '폐허가 된 작은 농가', 네드 해리스, 1944.

사이 공간에는 "우리의 희망과 기도" 말고는 아무것도 없었다. 이즈음 소령으로 진급한 특별작전기획부서 랄프 잉거솔이 찾아와 적군이 전열을 재정비하고 점점 공격적이 되어가고 있다고 경고했다. 인근 숲속에서 독일군을 봤다는 민간인도 나왔다. 총소리도 들렸다. 통신중대가 설치한 전화선을 누군가가 절단하기도 했다.

> 1944년 9월 21일
> 5~6킬로미터 떨어진 곳에 독일 정찰병이 나타났다는 보고가
> 있었다. 406중대 소속 소대가 수색하러 나갔다. 민간인들은
> 우리의 설치물을 염려하는 것 같다. 벌써 며칠 전에 이곳을
> 떠났어야 했지만, 공격이 임박한 듯하니 아예 공격이 개시될
> 때까지 이대로 있으라는 명령이 내려진 것으로 짐작된다.
>   ― 밥 톰킨스 병장의 일기

심지어 패튼 장군도 압박을 느끼고 있었다. 패튼은 밥 톰킨스가 위의 일기를 쓴 그날, 아내에게 보내는 편지에 이렇게 적었다. (고스트 아미에 관해서는 언급하지 않았다.) "우리 전선에 취약지점이 하나 있는데 독일군이 그것을 아는 것 같지는 않소. 내일 밤까지는 빈틈을 메울 예정이오. 지미 포크가 신의 은총과 큰 용기로 지금 거기서 버티고 있다오." 바로 다음 날 83보병사단이 현장에 도착했다. 고스트 아미 대원들은 지키던 전선을 기꺼이 그들에게 내주었다.

베템부르크 작전은 고스트 아미가 그때까지 수행한 기만작전 가운데 가장 오래 지속된 작전인 동시에 또한 가장 성공적인 작전이기도 했다. 시멘슨 대령은 베템부르크 작전이 고스트 아미에게 일종의 전환점이 됐다고 본다. "그 작전은 우리가 가장 프로페셔널하고 정확하게 수행한 최초의 작전이었습니다." 고스트 아미는 이제 기만술에 능했다. 하지만 언제까지 이들이 전쟁의 참화 속에서 무사히 연기를 지속할 수 있을까, 하는 의문점은 남아 있었다.

1 '프랑스 네츠 부근의 집', 아서 실스톤, 1944. 그림에서 가장 멀리 보이는 나무들
바로 뒤편이 독일군 전선이다.
2 독일군이 남기고 간 참호에 들어간 빌 블라스와 밥 톰킨스.

룩셈부르크, 1944.

미술용품점도 있었다

어휴, 우리는 연료를 엄청 썼어요.
다른 어느 부대보다 이동이 많았으니까요.
— 앨 앨브렛 상병

10

1944년 9월 말, 제23본부 특수부대는 최근에 해방된 룩셈부르크 시로 파견됐다. 도착해보니 환영 인파와 성조기가 길을 가득 메우고 있었다. 23부대는 앞으로 3개월간 이곳을 근거지로 하여 최전선에서 수행할 기만작전을 준비할 예정이었다. 부대원 대다수는 룩셈부르크 대학교 림페르츠베르크 캠퍼스에 속한 신학교 건물에 군장을 풀었다. 같은 건물에서 지내던 독일 점령군이 도주하면서 안에 있던 가구는 다 가져갔지만, 건물 벽은 프레드 폭스 중위의 표현대로 "악랄한 나치 벽화"로 여전히 뒤덮인 채였다. (23부대의 장교와 부관들로 구성된) 본부중대와 통신지원중대는 도시 반대편에 있는 어느 학교에 기거했다.

이후 몇 달간 그들은 위험한 최전방과 비교적 조용한 룩셈부르크 시를 왕복하며 불안정한 생활을 했다. 어떤 날은 벨기에의 말메디까지 북상하고, 어떤 날은 프랑스 메츠까지 남하했다. 하루에 3국을 오가는 날도 있었다. "어휴, 우리는 연료를 엄청 썼어요." 앨 앨브렛 상병이 회고했다. "다른 어느 부대보다 유럽 내 이동이 많았으니까요." 첩자들의 눈을 피해 주로 야간에 이동했다. 전조등에도 가리개를 씌워

스탠리 낸스 병장은 독일어 단어장 뒤에 고스트 아미가 수행한 작전과 그들이 연기한 부대의 목록을 적어두었다. 오른쪽 페이지는 통신기만작전에 필요한 사항을 메모해둔 커닝페이퍼다.

2

1 '룩셈부르크 야영지', 빅터 다우드, 1944.
2 '군복 말리기', 아서 싱어, 1944.

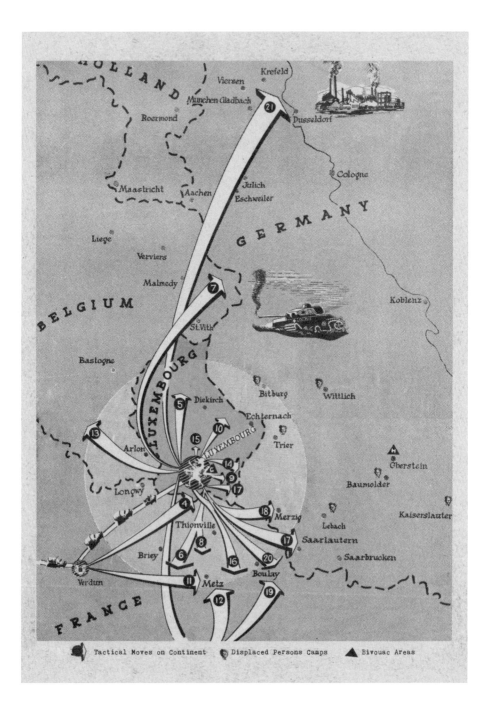

록셈부르크 일대에서 수행된 작전과 관련 부대들의 야영지 및 난민 캠프를 표시한 지도, 1945.

메츠에서 진창에 빠진 밥 톰킨스(운전자)와 조지 마틴.

최소한의 빛만 새어 나오게 했다. 부대원들은 이를 가리켜 "고양이
눈"이라 불렀다. "새벽 2, 3시나 돼야 취침했습니다." 빌 블라스 일병이
회상했다. "천막이나 움막은 침수되기 일쑤였습니다."

　가을비가 쏟아져 길과 들판은 엉망진창이었다. "너무 축축하고
추웠습니다." 아서 실스톤 상병이 말했다. "트럭이 계속 진창에 빠지는
바람에 윈치로 들어 올려야 했습니다." 기만작전도 초기의 신선감을
잃어, 병사들은 이제 힘들고 피곤해했다. 밥 톰킨스의 일기는 그런
분위기를 잘 요약해준다. "진짜 지랄 맞게 질퍽하고 춥다."

　기만작전을 수행하는 일개 병사는 자신이 맡은 구체적인 임무를
빼면 일이 어떻게 돌아가는지 잘 알지 못했다. 통신병은 위장공병이 뭘
하는 중인지 잘 몰랐고, 또 통신병이나 위장공병은 음향부대의 일에
관해서 야간에 들리는 소리로만 알 뿐이었다. 603위장공병대대 소속
소대를 지휘한 길 셀처 중위는 허락 없이 음향장비 탑재차에 다가가는
병사는 총살될 수 있다고 경고받은 일을 회상했다. 버니 메이슨 중위는
그냥 맡은 일에만 충실했다. "큰 그림은 전혀 볼 수 없었습니다…. 그저

1 네드 해리스는 수류탄 보관함에 미술용품과 그림을 담아서 가지고 다녔다.
2 밥 톰킨스가 룩셈부르크 시내의 그룬트 구역에서 그림을 그리고 있다. 1944년 사진.

하라는 일을 했지요." 밥 톰킨스 같은 사병들은 상황을 더더욱 몰랐다. "예를 들어 우리 부대의 일부는 300미터 떨어진 저쪽에 배치되고, 또 다른 병사들은 이쪽에 배치됩니다. 그럴 때 우리가 지금 대체 무엇을 하고 있는지, 이유가 뭔지 아무도 몰랐습니다."

위험은 항상 있었다. 기만작전 수행 중에 포격을 받는 일은 흔했다. "우리는 참호를 깊이 파고 가능한 한 안전을 유지하려고 노력했습니다." 메이슨이 말했다. "한번 실수하면 그냥 훅 가는 거니까요." 서배스천 메시나 상병이 말했다. 앨브렛 상병도 그 공포를 잊지 못했다. "네, 무서웠습니다. 내일도 우리가 살아 있을지 아무도 몰랐습니다. [매번의] 임무가 마지막 임무가 될 수 있었지요. 누구한테 총격을 가하거나 공격을 막아내는 임무는 아니었지만, 독일군의 공격 위험에 상시 노출되어 있었습니다."

룩셈부르크에서 휴식을 취할 때면 모든 것이 달라 보였다. 네드 해리스 이병은 생활이 썩 괜찮다고 여겼다. "도시는 피해 없이 멀쩡했고, 심지어 미술용품점도 있었습니다!" 그들은 경관 좋은 도시의 저지대 그룬트 구역을 탐색했다. 병사들은 이곳을 '협곡'이라고 불렀다. 화가 출신 병사들은 고색창연하고 아름다운 풍경을 화폭에 담기 위해 협곡에 자주 들렀다.

해리스는 어디서 독일군의 수류탄 보관함을 구해 화구를 담아 들고 다녔다. "완성한 그림도 거기에 넣어 보관했습니다. 말하자면 죽음의 상자를 제가 생기 있는 그림들로 채워준 거지요."

159

'룩스 '44', 윌리엄 세일스, 1944.

'룩셈부르크 시', 조지 밴더 슬뤼스, 1944.

'룩셈부르크', 밥 톰킨스, 1944.

'룩셈부르크 시', 벨리사리오 콘트레라스, 1944.

1

2

1 '룩셈부르크', 브루스 질머, 1944.
2 '룩셈부르크의 알린', 빅터 다우드, 1944.

병사들은 스케치북을 그림으로 채우고, 룩셈부르크 시민 가정을
방문하고, 기념품을 모으면서 다시 전장에 나가기 전까지 여유로운
시간을 보냈다. 룩셈부르크 시민은 이들을 해방군으로 여겨 반가이
맞았다. 애니 돈델링거라는 이름의 여성은 스탠리 라이트 병장의
부친에게 편지를 보내, 왜 자신이 라이트와 그의 동료를 집에
초대했는지 설명했다. "저는 그들이 가장 갈망하던 것, 즉 따뜻한
우정과 그리운 '고향 집'의 느낌을 안겨주고 싶었습니다." 많은 병사가
룩셈부르크에서 여자친구를 사귀었고, 토마스 커파리 이병은 현지
여성과 결혼해 함께 미국에 돌아왔다.

물론 다음 임무를 기다리는 시간이 온전히 자신만의 시간은
아니었다. 내무사열도 잦았고, 신체 단련을 하거나 강연회에도
참석해야 했다. 버니 메이슨 중위는 리더 대령이 룩셈부르크 쇼버메세
광장에 병사를 전원 집합시켜놓고—그 공개된 공간에서!— 비밀
임무에 관해 연설하던 날을 잊지 못했다. "그는 우리 부대가 얼마나
비밀 유지에 신경을 써야 하는지 일장 연설을 했습니다…. 아무나
지나가다 그 소리를 들을 수 있는 장소에서요. 거의 코미디였죠. 말이
안 되는 상황이었습니다." 리더 대령을 별로 좋아하지 않았던 월터
아넷 이병은 그 장면을 카툰에 담아 웃음거리로 만들었다. 군 생활에
진절머리가 난 것은 아넷만이 아니었다. 밥 톰킨스도 분노한 어조로
일기에 적어 내렸다. "이 빌어먹을 중대의 빌어먹을 장교들을 전부 한
방씩 먹였으면 좋겠다."

영화 관람은 여유 시간을 보내기에 최고였다. 누군가 16mm
영사기를 구해 왔고, 프레드 폭스 중위는 스파이크 베리 병장을 시켜
이른바 '블라니 극장'을 가동했다. ('블라니'는 23부대의 암호명이었다.)
군단마다 각기 영화 필름 보관소를 갖추고 있었는데 거기서 23부대에
틀어줄 영화를 빌려오는 일이 베리 병장의 임무였다. 임무는 의외로
쉽지 않았다. 아무도 23부대에 대해 들어본 적이 없었고, 베리 병장도
자기 부대에 관해 자세히 설명할 수 없었기 때문이다. 게다가 비교적
소규모 부대였던 까닭에 늘 우선순위에서 밀렸다.

1 '부대원들에게 연설하는 리더 대령', 월터 아넷, 1944.
2,3 월터 아넷이 그린 카툰.

```
                    HEADQUARTERS
                    SEMINARY CAMP


                               Luxembourg, Luxembourg
                               17 October 1944

MEMORANDUM
TO          : All Personnel


    1. No Cartoons, pictures, memorandum or similar matter will be posted
on any wall,bulletin board or other surface exposing said material to
public view without the approval of the unit commander.

    2. Violation of the above will be deemed to be a violation of the
96th article of war. (Failing to obey a standing order) and is
punishable by confinement at hard labor for a period of six months and
forfeiture of 2/3 of six months pay.

    By order of Lieutant Colonel FITZ:


                                        WILLIAM U. HOOPER
                                        Major, CE
                                        Executive Officer

OFFICIAL:


        ORRIE J. HOLMAN
        1st Lt.,CE
        Adjutant
```

167

만화 게시 금지령.
포트 미드에 있을 때 월터 아넷과 리처드 모턴은 캠프 전속 만화가로 자리를 굳혔다.
월터는 이렇게 회상했다. "동료 사병들은 우리가 그리는 만화를 좋아했고, 장교들도
우리를 격려했습니다. 사병들이 만화로 머리를 식히면 군 생활에 관해 불평을 덜
했으니까요…. 플로리다 주 잭슨빌 출신의 비쩍 마른 껑다리 하나가 만화 소재를 많이
제공했는데… 결과물을 보고 몇 번 화를 내더군요…. 병사들은 이번 주에는 또 어떤
카툰이 올라왔나 보려고 게시판 앞에 모여들었습니다." 만화 속 조롱의 대상은 대개
장교들이었고, 장교들은 이를 달가워하지 않았다. 오티스 피츠 대령과 윌리엄 D. 후퍼
소령은 만화 게시 금지령으로 아넷과 모턴의 만화가 생활에 종지부를 찍으려 들었으나,
다행히도 아이젠하워 장군이 만화에 제재를 가하지 말라는 명령을 하달했다.

어느 날 베리는 한 필름 보관소 선반 위에 영사기 여러 대가 놓고 있는 것을 봤다. 까닭을 물으니 익사이터 램프가 나가 못 쓰는 영사기들이라고 했다. 익사이터 램프는 영화 사운드 재생에 필요한 작은 부품이다. 그렇게 사소한 부품 하나 때문에 영사기를 못 쓰고 있는 점이 아쉬웠던 베리 병장은 영사기에 부착된 명판에 적힌 주소로 제너럴 일렉트릭 사에 편지를 보내 익사이터 램프를 넉넉히 보내줄 수 있는지 문의했다. 약 한 달 후, 그의 손에 익사이터 램프가 가득 든 상자 하나가 배달됐다. 이 일로 그는 필름 보관소에서 영웅이 되어, 원하는 영화는 무엇이든 손에 넣을 수 있었다. 베리에 따르면 대여한 영화는 이튿날 오전 11시까지 보관소에 돌려주어야 했다. "그러려면 새벽 3, 4시에 기상해 차를 몰아야 했지만, 우리는 늘 시간을 지켜 반납했습니다."

열성적인 베리 병장 덕택에 밤마다 블라니 극장을 즐길 수 있었다. 그가 "16mm 기관총"이라 부르던 영사기를 가동한 것은 이곳에서만이 아니었다. 그는 유럽 복무 기간을 통틀어 자신이 "발사한"[상영한] 영화필름이 약 836킬로미터일 것으로 추측했다. 베리는 유럽 각지 사령부 여덟 군데에서 블라니 극장을 열었고, 전쟁 끝 무렵에는 어디서든 상영이 가능한 "이동 설비차"도 마련했다.

— 제23본부 특수부대 공식 기록

룩셈부르크는 전장에서 결코 먼 곳이 아니었다. 1944년 10월 21일 밤 톰킨스 병장은 병사들이 "로봇탄"이라 일컫던 독일군의 V-1 무인비행 폭탄이 머리 위로 날아가는 것을 생전 처음 보았다. "처음 봤을 때 우리는 저게 대체 뭔지 아무도 몰랐습니다. 그 물체는 영국으로 날아가는 중이었습니다. 런던으로요." 그는 며칠 뒤 또 한 대를 목격했다. 엔진 꺼지는 소리가 들리더니 몇 초 후 폭발음이 들렸다. 약 15킬로미터 떨어진 지점에서 폭발한 것으로 추정됐다. 곧 무인비행

폭탄과 폭발음은 일상이 됐다. 그것 말고도 엄연히 전쟁 중임을
상기시키는 것들은 더 있었다.

> 1944년 11월 15일
> 룩셈부르크는 밤이면 생지옥으로 변한다. 지난주에는 병사 다섯
> 명의 시신이 '협곡'에서 발견됐다. 매일 밤 포격이 있다. 최전방에
> 있다가 온 병사들이 술에 취해 길에서 기관총을 쏘아댄다.
> 지난밤에는 민간인 다섯 명이 살해됐고, 아직 나치 부역자 여럿이
> 몰래 활동하고 있다.
>
>   — 밥 톰킨스 병장의 일기

11월 초의 작전 이후 별일 없이 몇 주가 흘렀다. 선거 연령인 병사들은
대통령선거에 부재자 투표를 했다. 4선을 노리는 프랭클린 D.
루스벨트 대통령에 맞서 공화당의 토머스 듀이가 대권에 도전하던
때였다. 밥 톰킨스는 대통령 교체를 원했다. 선거일에 그는 "듀이가
이겼으면 좋겠다"고 일기에 적었다. "하지만 확신이 없다. 아마
주말이나 돼야 결과를 알 수 있을 것이다." 톰킨스는 결과에 실망했다.

169

   그에 앞서 10월 말에는 신학교 건물에서 장기자랑 행사가 있었다.
"블라니 축제"는 603부대의 미술가들이 장식한 무대에서 3일 밤
연이어 펼쳐졌다. 1944년 11월 20일에는 반가운 행사가 또 하나
열렸다. 마를레네 디트리히가 찾아와, 장기자랑 행사장으로 썼던
신학교 예배당에서 위문공연을 했다. 1939년에 미국 시민이 된 이 독일
출신의 할리우드 배우 겸 가수는 철저한 나치 반대자였다. 디트리히는
제2차 세계대전 중에 미군 장병을 위해 열심히 위문공연을 다녔고
최전방 부근에서도 자주 공연을 했다. 당연히 위험이 컸다. 독일
태생의 유명인사로서 혹시라도 나치에게 붙잡히면 고역을 면치 못할
터였다. 왜 이런 식으로 자기 생명에 위험을 초래하느냐고 누가 묻자
그녀는 "그것이 도리에 맞는 일이니까"라고 간결하게 대답했다.
   디트리히는 장병들이 제일 좋아하는 곡 「릴리 마를렌」을 부르고

1 마를레네 디트리히의 위문공연.
2 신학교에서 병사들이 개최한 장기자랑 행사에 올려진 촌극.

뮤지컬소[musical saw: 톱을 악기로 활용한 것. 손잡이 부분을 무릎 사이에 끼고 한 손으로 톱 끝을 잡고 다른 손으로 바이올린 활을 날에 문질러 소리를 낸다 ─ 옮긴이]도 연주했다. 그녀는 긴 드레스를 입었지만 리처드 모턴 이병에 따르면, "멋진 각선미를 충분히 꿰뚫어볼 수 있었습니다." 공연은 성황을 이루었다. 고스트 아미 대원뿐 아니라 룩셈부르크에 주둔하는 다른 미군 부대 장교들도 왔다. 그중에는 최전방에서 복무 중이던 후방군 대위 하나가 있었다. 그쪽 부대 소속 병사 중에도 예술가 출신이 많았고, 그 대위도 그중 한 사람이었다. 전쟁 발발 전에 랄프 잉거솔 소령과 함께 일했던 연줄로 공연에 초대받은 모양이었다. 그의 이름은 시어도어 가이젤이었다. 그는 훗날 필명 '닥터 수스'(Dr. Seuss)로 유명해진다.

디트리히를 가까이에서 봤던 경험은 고스트 아미 병사들에게 소중한 추억으로 남았다. 밥 톰킨스는 공연에 늦지 않으려고 복도에서 뛰다가 하마터면 그녀를 넘어뜨릴 뻔했고, 버니 메이슨은 자신이 직접 관중에게 디트리히를 소개했던 일을 회상했다. 윌리엄 세일스 이병은 디트리히의 수행단을 떠올리며 웃었다. "장교 여러 명이 그녀를 빙 둘러싸고 어디든 그녀를 에스코트했지요. 디트리히는 그 시대의 여왕이었습니다. 완전히 여왕이었어요."

며칠 후 고스트 아미 대원들은 공연장으로 사용했던 그 공간에 다시 모여 앉아 추수감사절 저녁 식사를 했다. "진짜 맛있는 칠면조였어요!" 해럴드 달 이병이 열광적인 어조로 집에 편지를 보냈다. 하지만 향수병을 물리치기에는 충분치 않았다. 그는 어머니에게 이렇게 적었다. "여기서 칠면조를 먹느니 차라리 집에서 차갑게 식은 양고기를 먹겠습니다. 진심이에요." 그즈음 위장공병 대원 하나가 술에 만취해 실수로 동료 병사에게 총상을 입혔다. 모두들 신경이 잔뜩 날카로워져 언제쯤 이 진절머리 나는 전쟁이 끝날지 궁금해했다. 사건 몇 주 전, 해럴드 달은 고향 집에 보내는 편지에서 전체적인 분위기를 이렇게 요약했다.

'소피 터커로 분장한 색', 조지 밴더 슬뤼스, 1944. 색(Sak)이라 불리던 동료 병사가 당시 미국에서 최고의 인기를 구가하던 만능 연예인 소피 터커로 분장한 모습.

1944년 10월 15일

독일군이 어떻게 저렇게 버티고 있는지 우리로선
수수께끼입니다. 보급도 끊기고 군대가 연이어 패퇴하고 있어서
결국 완전 항복이 불가피한데도 저리 전쟁을 지속하는 겁니다.
가망 없는 야심을 채우겠다고 자기 병사만 더 희생시키고, 더
많은 자국의 부녀자와 아이들을 집 잃은 신세로 내몰고 있습니다.
독일에도 자신들이 처한 현실을 직시하는 사람이 분명히 있을
겁니다. 아니면 도대체 우리가 그들 하나하나의 머릿속에 그걸
똑똑히 새겨줘야 하는 건가요? 상황이 곧 정리되리라고
소망해봅니다.

갤러리: 너, 식사당번!

잭 메이시 상병은 작전 사이사이에 짬이 날 때 소속 중대 병사들의 캐리커처를 그리기로 마음먹고 이렇게 중얼거렸다. "내가 너희 미친놈들을 한 명도 빠짐없이 그릴 테다."

그는 동료들을 전부 공책 한 권에 담아 『너, 식사당번!』(You on K.P.!)이라는 제목을 붙였다. 감자껍질 벗기기, 설거지 등의 주방일을 해야 하는 식사당번(K. P.: Kitchen Patrol)은 다들 싫어해 주로 벌을 줄 때 이용됐다. 메이시는 친한 이들에게 걷은 돈으로 룩셈부르크 시에서 복사본을 제작해 제603위장공병대대 B중대원 전원에게 한 권씩 나눠주었다. 병사들은 서로 서명을 해주고 기념으로 간직했다. 여기에 실린 이미지의 출처는 윌리엄 세일스 이등병이 갖고 있던 복사본이다.

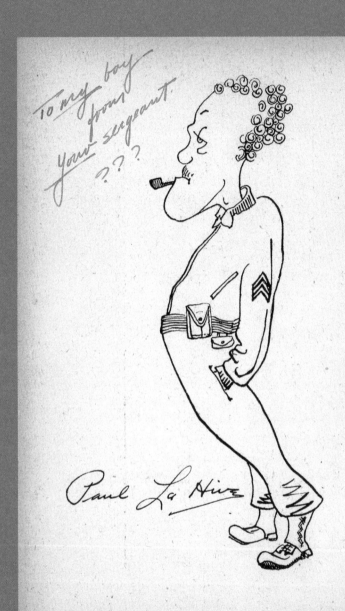

To my boy
from
your sergeant.
???

Paul La Hive

176

Mordecai R. Craig

Dear Bill,
Here's to the
days when our
operations are less
interfered with —
civilians! duck!
The Cp.— (?)

Paul Gerhel

It may be
"Proud,"
Or maybe
"Prood,"
But all I
want
is to go 'home
So Proost
Ray "Marvel" Harford

Ray Harford

Noo, what
more can
I say. It
really was
that long.
3 years +
in the 603rd.
I'll always
remember the
days — The same
old story etc.
Good Luck
to you, Bill,
always
"Hinkle"

George "Hinkle" Martin

룩셈부르크에서 눈밭을 행군하는 고스트 아미 대원들, 1944.

저 무지막지한 중전차들

승전이 코앞에 놓인 듯했습니다.
연합군이 무섭게 밀어붙였으니까요. 그런데 웬 날벼락인지
"군장 챙겨. 퇴각이야. 독일군 온다." 그러는 겁니다.
정말 힘 빠지는 순간이었습니다.
— 잭 메이시 상병

11

1944년 12월. 고스트 아미가 수행해야 할 과제는 여느 임무와 특별히 달라 보이지 않았다. 룩셈부르크에 도착한 이래 여섯 번째 작전이었다. 격전이 벌어진 북쪽에서는 연합군이 독일 아헨 시를 함락시킨 데 이어 휘르트겐 숲에서 치열한 공격을 가했다. 그러나 남쪽 상황은 달라서, 지형이 험한 아르덴 숲을 따라 이어지는 최전선 140킬로미터 구간에 미군 네 개 사단만 듬성듬성 배치된 상태였다.

23부대는 이 최전방 구간을 보강하는 작전에 투입됐다. 룩셈부르크 북동쪽으로 이동해 제75보병사단을 연기하는 임무였다. 그럼으로써 그 지역에 있는 독일군의 발을 묶고, 75보병사단을 위협 요소로 착각하게 해, 휘르트겐 숲에 있는 독일군 병력을 이쪽으로 유인해 오는 것이 목표였다.

제12군 특별작전기획부서 최고책임자 빌리 해리스 대령은 이 기만작전에 반대했다. 그간 상황이 너무 급변해서 벌써 여러 주 전에 짜둔 작전을 지금 효과적으로 이행하기에 곤란하다고 판단했기 때문이다. 하지만 해리 L. 리더 대령은 거의 한 달이나 아무런 기만작전도 수행하지 않은 병사들에게 임무를 주고 싶어 안달이었다. 제8군단 지휘관 트로이 미들턴 장군의 입장에서도 최전방 상황을 생각하면 설사 "러버덕" 부대가 온대도 병력 보강은 환영이었다. 그리하여 해리스의 말마따나 "아무도 진심으로 성공을 전망하지 않는" '코블렌츠'(Koblenz) 작전이 개시됐다.

고스트 아미는 늘 하던 대로 기만술을 구사했다. 가짜 75보병사단이 룩셈부르크 시 북동 방면으로 여러 소도시를 잇는 도로를 따라 진군하는 동안, 통신과 음향 효과를 담당한 부대들은 이동하는 차량의 수가 실제보다 세 배쯤 되는 것처럼 연출했다. 가짜 사령부를 설치하고, 가짜 헌병들이 교통정리를 했다. 리더 대령은 별을 달고 자신이 75보병사단 지휘관 페이 프리켓 장군인 척하며 가짜 사령부를 드나들었다. 각본상 75보병사단이 그 지역에 와보는 건 처음이어야 했기 때문에, "룩셈부르크 시를 전혀 모르는 척하면서 사람들이 도시에 관해 들려주는 얘기를 마치 처음 듣는 양 열심히 귀

기울여야 했던 상황"이 코믹했다고 해럴드 달 이병은 회상했다.

　이번 기만작전의 목표 중 하나는, 75보병사단이 곧 자우어 강을 넘어 공격을 감행할 것이라고 독일군을 확신시키는 일이었다. 603부대 지휘관 오티스 피츠 중령과 406부대 지휘관 조지 렙 대위는 마치 도강할 지점을 탐색하는 양, 부하와 지프 두 대를 끌고 기르스터클라우스 마을 인근으로 전방 정찰에 나섰다. 이들은 한 건물 뒤편에 지프를 세우고 강변 수풀로 다가갔다. "수풀로 들어서자마자 머리 위로 총탄이 날아들었습니다. 총알이 나무 이파리를 치고 지나가는 소리가 들렸습니다." 렙이 회고했다. 총격전이 벌어졌다. 상대는 아마 포로라도 몇 명 잡아가려고 연합군 쪽으로 건너온 독일 정찰병인 듯했다. 렙은 혹시라도 포로로 잡혔다가는 큰일이라고 판단하고 재빨리 철수 명령을 내렸다.

　공격적인 독일군 정찰대를 거기서 만났다는 사실은 이 최전선 구간이 예상보다 한가로운 곳이 아니라는 징조였다. 고스트 아미는 제2차 세계대전 중에 미군이 겪은 가장 치열한 격전 '벌지 전투'(아르덴 대공세)에 엮이려는 참이었다. 존 자비 상병이 회상했다. "독일군은 벌지 전투를 준비하고 있었습니다. 그들이 중전차를 전부 그리로 투입한 사실을 우리는 모르고 있었습니다."

존 자비 상병.

1

2

1 벌지 전투 중에 퇴각을 준비하는 23부대.
2 벨기에 바스토뉴 시를 빠져나가는 피난민.

23부대는 자기들이 송아지 앞에서 붉은 헝겊을 흔들고 있는 줄
알았는데, 알고 보니 나치 황소가 덤벼들 태세였다. 독일군 두 개
기갑사단이 "벌지"(돌출부) 속으로 돌진하자, 룩셈부르크는
애송이 부대나 노병들만 들끓는 심심한 구역이라는 이미지를
떨구고 순식간에 전 세계 헤드라인을 장식했다.

                                   – 제23본부 특수부대 공식 기록

독일은 며칠간 미군 75보병사단의 존재 여부를 가늠하며 지켜보다가
최종적으로 거기 없다고 판단 내렸다. 어쨌든 상관없었다. 히틀러는
승리를 위한 최후의 시도로써 이미 수개월에 걸쳐 기습공격을
계획했다. 12월 16일 새벽, 독일 세 개 군이 아르덴 숲에서 대대적인
반격에 나섰다. 압도된 미군은 무슨 일이 일어났는지 제대로 파악도 못
한 채 곧 퇴각해야 했다.

   공격을 당한 것은 23부대원들이 코블렌츠 작전 1단계를
마무리하고 2단계 개시를 준비하던 시점이었다. 이들의 기만작전 수행
장소는 정확하게 독일군의 맹습 경로 위에 놓여 있었다. 12월 17일
일요일, 자비 상병과 603대대의 C중대는 최전선 후방 8킬로미터
지점에 위치한 룩셈부르크 호샤이트 마을에서 대기 중이었다. 이들은
다음 날 함께 작전 2단계를 개시할 다른 고스트 아미 대원들의 도착을
기다리고 있었다. 자비와 동료 병사들은 마을 사제관에서 숙박한 뒤
아침 미사에 참석했다. 미사 직후 그들은 독일 보병이 이쪽으로
몰려오고 있다는 소식을 들었다. 병사들은 재빨리 룩셈부르크 시로
퇴각했다. 행여나 잡혔다가는 기만작전이 발각될 것임을 다들 잘 알고
있었다.

   다른 고스트 아미 대원도 급히 후퇴했다. "우리는 죽어라
달렸습니다." 어빙 스템플 이병이 말했다. "적어도 D중대는
그랬습니다." 다행히 코블렌츠 작전 1단계는 독일군이 덮치기 전에
완료됐다. "누군가 영리하게도 제때 우리를 퇴각시켰습니다." 혹시 거기
남아 있었으면 전멸해서 "23부대는 사라졌을 것"이라고 에드 비오는

덧붙였다. 독일의 맹공격에 압도당한 근처의 다른 미군 부대는 바로 근처에 있는 줄 알았던 75보병사단이 갑자기 증발한 것에 화를 냈다.

독일군의 반격이 시작된 지 며칠 후 어느 후송병원에서 제4보병부대 소속 병사가 말했다. "빤질거리는 75부대 새끼들 눈에 띄기만 해봐, 가만 안 둔다."

— 제23본부 특수부대 공식 기록

스파이크 베리 병장은 전날 밤 장병들을 위해 상영한 영화를 반납하러 가다가 이번 공격에 대해 알게 됐다. 그는 제8군단 필름 보관소가 있는 소도시로 차를 몰았다. "보관소는 닫히고 다 떠나서 아무도 없었습니다. 황당하더라고요." 마을 광장에 가보니 헌병이 있었다. "무슨 일인지 물었더니 저보고 지금 여기서 뭐 하냐고 되묻더군요. 영화 필름을 반환하러 왔다고 하니까, '뭘 반환해요?' 그러길래, 제가 '영화요.' 그랬죠." 헌병은 곤혹스러운 표정으로 베리에게 언제든 발사할 수 있도록 총을 권총집에서 꺼내두라고 조언했다. "그러더니 저와 운전병에게 당장 이 마을을 떠나라고 했습니다." 그 마을은 바로 벨기에의 바스토뉴였다. 얼마 후 독일군에게 포위되어 미군 제101공수사단이 혈투를 벌인 장소로 역사에 기록된 바로 그곳이었다.

룩셈부르크 시는 독일군으로부터 30킬로미터도 안 되는 거리에 있었다. 고스트 아미 대원들이 주둔하던 신학교에 그 소식이 도달한 것은 12월 17일 일요일 오후였다. 밥 톰킨스 병장은 불안에 시달렸다. 미국에서 아내가 출산을 앞두고 있었다. 출산일이 가까워지는데 아내에게서 아무 연락이 없었다. 앞서 12월 1일에 그는 "며칠 내로 아이가 태어날 것"이라고 일기장에 적었고, 며칠 후에는 "안절부절"이라고 적었다. 그런데 이제 새로운 걱정거리가 하나 더 생긴 것이다.

1944년 12월 17일

4시에 갑자기 경보가 내렸다. 독일군이 맹렬한 반격에 나섰다.
독일군 세 개 사단이 이쪽으로 강을 넘어왔다고 한다.
룩셈부르크에서 불과 8킬로미터 떨어진 지점에 와 있다는 거다….
퇴각에 대비해 특수 장비 일체를 차에 싣는 중이다. 걱정된다. 오늘
밤 사기는 바닥을 쳤다. 아직 명령은 떨어지지 않았다. 제대로 되는
게 없다. 빌어먹을!

— 밥 톰킨스 병장의 일기

잭 메이시 상병도 상황이 영 믿기지 않았다. "승전이 코앞에 놓인
듯했습니다. 연합군이 무섭게 밀어붙였으니까요. 그런데 웬 날벼락인지
'군장 챙겨. 퇴각이야. 독일군 온다.' 그러는 겁니다. 정말 힘 빠지는
순간이었습니다. 대체 어떻게 된 건지, 독일군이 어떻게 그렇게 막판에
갑자기 힘을 낼 수 있는지 의문이었습니다."

고스트 아미 포병들은 신학교 옥상에서 독일 전투기에 기관총
사격을 퍼부었다. 그들이 실제로 적에 총격을 가했던 것은 이때가 거의
유일했다. 철수에 대비해 트럭에 짐을 실었다. 철거 작업 훈련을 받은
버니 메이슨 중위는, 혹시 부대가 미처 철수하기 전에 적군에 포위되는
경우 고무 전차 같은 기만작전 용품을 실은 차들이 적에게 발각되지
않도록 전부 폭파하라는 명령을 받았다.

모두 공포에 떨었다. 그러나 미군은 혹시 필요한 경우를 대비해
23부대를 며칠 더 룩셈부르크 시에 머무르게 했다. 12월 21일 드디어
명령이 떨어졌다. 이튿날 23부대원 대다수는 최전선에서 물러나
서쪽으로 철수했다. 하지만 통신병과 406부대 전투공병 몇 명은 다른
데로 향했다. 바스토뉴로 101공수사단을 지원하러 가는 조지 패튼
장군의 제3군을 돕기 위해서였다.

드와이트 D. 아이젠하워 연합군 최고사령관은 패튼에게 복잡한
회전 진군을 주문하며 두 개 사단을 북진시켜 바스토뉴까지
돌진하라고 명령했다. 액션이 벌어지는 현장에 끼어드는 데 도사인 랄프

잉거솔 소령은, 패튼 장군과 제12집단군 사령관 오마 브래들리, 그 외 고위급 장교들이 참석하는 베르됭 작전 회의에 용케 초청을 받아냈다. 잉거솔은 회의의 "긴장된 분위기"를 기억했다. "제가 회의장에 도착한 직후 바스토뉴에서 전화가 왔습니다. 브래들리 장군은 포위된 부대의 지휘관에게, 지원군이 도착할 때까지 못 버틸 것 같냐고 물었습니다."

이상한 우연이지만 그날 바스토뉴에 있던 101공수사단 사단장 대리 앤서니 매컬리프 준장과의 통화는, 적진 바로 후방에 발이 묶여 있던 고스트 아미 통신병이 연결한 것으로 보인다. 윌리엄 앤더슨 일병은 룩셈부르크의 어느 폭격 맞은 건물에서 그곳을 관통하는 "전화선 뭉치"를 가지고 작업 중이었다. 그와 동료 통신병은 오가는 통신을 모니터링하고 메시지를 전달하느라 너무 바빠, 23부대가 철수한 뒤에도 그곳에 남아 있었다. 앤더슨에 따르면 하루는 "전화가 울리더니 누군가가 브래들리 장군에게 연결해달라고 부탁"했다. 그는 앤더슨에게, 자신은 바스토뉴에 있는 사령관이며, 지금 포위된 상태고 탄약과 식량이 거의 다 떨어졌다고 했다. 앤더슨은 오마 브래들리와 연결에 성공했지만, 통신 상태가 좋지 않아 바스토뉴 소식을 자기가 대신 전달해야 했다. 바스토뉴의 그 사령관은 항복할지 아니면 계속 싸워야 할지 브래들리 장군에게 물었다고 앤더슨은 회고했다. 브래들리는 앤더슨에게, 준장이 어떤 결정을 내리든 문제 삼지 않겠다고 전하라고 일렀다. 매컬리프 준장은 계속 버티기로 했고, 브래들리 장군은 행운을 빌었다. 며칠 후 앤더슨은 23부대에 재합류했다.

잉거솔은 베르됭 회의에서 패튼 장군이 "근심스러운 표정으로 방 안을 왔다 갔다 했다. 내가 기억하던 그 거만한 사람이 아니었다."고 회고했다. 적군이 패튼의 진군을 포착할 가능성을 우려하던 브래들리는 갑자기 잉거솔에게, 적군이 패튼의 공격 거점을 눈치채지 못하도록 고스트 아미가 할 수 있는 일이 없겠느냐고 물었다. 그 순간 회의실에 있던 전원이 자신을 쳐다보는 것을 의식한 잉거솔은 "예, 할 수 있는 것이…" 하고 답하다 정확히 무엇을 할 수 있을지 몰라

머뭇거렸다.

"… 뭔가 있을 듯합니다." 그가 얼버무렸다.

"그럼 해보게." 브래들리가 말했다.

잉거솔과 다른 장교들은 딱 24시간 지속할 통신기만작전을 급하게
고안했다. 진짜 4사단과 80사단을 바스토뉴로 출발시켜놓고, 그동안
고스트 아미는 그 두 개 사단을 연기하며 예비부대로 돌려진 척한다는
계획이었다. 통신을 도청하는 독일 통신병은 고스트 아미의 통신이
가짜임을 식별하지 못하리라는 계산이었다. 12월 22일에 고스트
아미의 통신장비 스물아홉 대가 통신을 시작했다. 부대를 "이중
노출"해 독일군을 혼란에 빠뜨리는 작전이라는 의미에서 작전명을
'코닥'(Kodak)이라고 붙였다. 군역사가들은 이 작전의 유효성에 관해
회의적이지만, 잉거솔은 그 효과를 의심해본 적이 없었다. "이
속임수는— 의도했던 대로— 확실히 효과가 있었다"고 잉거솔은
회고록에 적고 있다. "제일 먼저 도착한 제3군의 부대가 바스토뉴를
포위한 독일군의 측면을 강타하자, 다른 부대들은 어느 방향에서
공격해 올지 몰라 독일군 사령부는 완전히 당황했다." 패튼의 제3군은
바스토뉴를 에워싼 독일군의 포위망을 뚫고 들어가 12월 26일
제101공수사단과 합류했다.

고스트 아미 통신병.

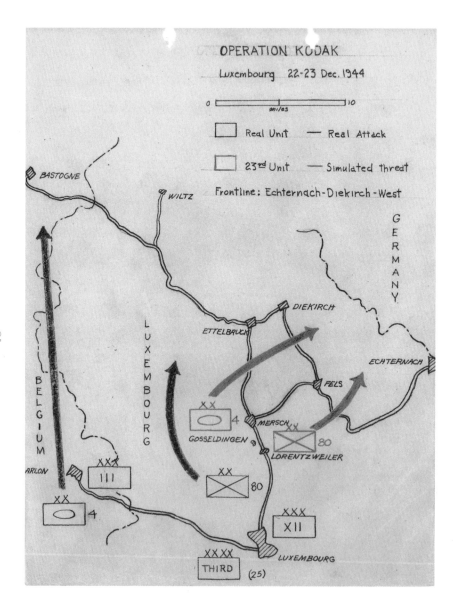

OPERATION KODAK

Luxembourg 22-23 Dec. 1944

0 ⊢━━━━━━━━━━━━━━━━┤ 10
miles

☐ Real Unit ── Real Attack

☐ 23rd Unit ── Simulated threat

Frontline: Echternach-Diekirch-West

BASTOGNE

WILTZ

DIEKIRCH

ETTELBRUCK

ECHTERNACH

FELS

MERSCH

GOSSELDINGEN

LORENTZWEILER

XX ◯ 4

XX ⊠ 80

XXX 80

ARLON

XXX 111

XX ◯ 4

XXX XII

XXXX THIRD (25)

LUXEMBOURG

GERMANY

BELGIUM

LUXEMBOURG

1945년에 제작한 '코닥 작전' 지도. 한 부대가 두 장소에 동시에 출몰해 독일군을 혼란에 빠뜨리는 '이중 노출' 작전이라는 뜻에서 '코닥'이라는 작전명이 붙었다.

위의 통신기만작전에 투입된 병사를 제외한 나머지 제23본부
특수부대원들은 바로 그 순간 격전지에서 벗어나 이동 중이었다. 에드
비오 이병은 엄청나게 쏟아지는 눈에 놀랐다. 룩셈부르크를 벗어나던
대원들은, 지역민이 독일의 재점령에 대비해 걸어놓은 스와스티카
깃발과 백기를 다시 급하게 성조기로 바꿔 거는 장면을 목격했다.
"유럽이라는 데가 어떤 곳인지 약간 감이 오더군요." 잭 메이시가
말했다. "그들은 온갖 방향에서 들이닥치는 세력의 희생양이었고, 늘
살아남기 위한 준비를 해야 했습니다." 메이시는 거기서 생존에 대한
교훈을 얻었다고 말했다. "제가 룩셈부르크 민간인이었어도 아마
똑같이 행동했을 겁니다."

부대원들은 프랑스 마을 동쿠르레롱귀용에서 성탄절을 보냈다.
출산 소식을 손꼽아 기다리던 밥 톰킨스는, "아내로부터 여전히
소식이 없다"고 일기에 적었다. 다음 목적지는 베르됭이었다. 거기서 밥
콘래드 중위는 "아직도 제1차 세계대전의 냄새가 난다"고 느꼈다.
베르됭은 제1차 세계대전 당시 최대의 격전지였던 곳으로, 50만
이상의 병사가 이곳에서 전사했다. 프레드 폭스 중위는 이곳이
"불행하게 죽은 수많은 병사들의 영혼으로 붐비는 우울한 도시"라는
생각을 했다. 부대원들이 진을 치고 다음 이동 명령을 기다리던 장소
역시 제1차 세계대전 때 세워진 썰렁하고 축축한 방어시설이었다.

병사 몇 명이 크리스마스트리용 나무를 잘라 왔다. 장식에는
즉흥성을 발휘해야 했다. "콘돔을 부풀려 트리에 풍선처럼
매달았습니다." 에드 비오가 회상했다. "빈 깡통을 별 모양으로
오려내기도 했고요." 우울한 성탄절에 조금이나마 활기를
불어넣으려고 그들은 피난민 아이들을 불러 파티를 열었다.

1

2

3

4

1 아이들과 더블더치 줄넘기를 하는 미군 병사.
2 '무도회의 미소녀', 클리오 호블, 1944.
3 '그 아이는 절대로 웃지 않았다', 빅터 다우드, 1944.
4 '폴란드 자매', 빅터 다우드, 1944.

2

1　베르됭에서 촬영한 어빙 마이어 이병의 모습. 뒤로 보이는 건축물은 제1차 세계대전
　전사자들의 유골이 안치된 두오몽 납골당이다.
2　1944년 성탄절. 603대대 A중대원들. 앞줄 벤치에 앉은 병사 5인 가운데 중앙이 아트
　케인, 그 바로 뒤에 서 있는 병사가 에드 비오.

603부대 병사가 제작한 크리스마스카드, 1944.

1944년 12월 24일

어머니와 루에게

조금이나마 성탄절답게 보낼 수 있어서 다들 눈에 눈물이
고이려고 했습니다. 용케 크리스마스트리도 세웠습니다. 종이
화환, 가짜 지팡이 사탕, 크리스마스카드, 공습 상황에서 적을
교란할 때 쓰는 은박지 등을 오려 만든 소품으로 트리를
장식했지요.

그리고 사탕, 껌, 휴대식량, 담배 등을 잔뜩 모아 나치에게
추방당한 동유럽 피난민 아이들과 가족에게 줄 선물 꾸러미를
수십 개 준비했습니다. 우리는 저녁 식사 후 아이들을 들어오게
해, 좋아할 만한 것들이 든 선물상자를 하나씩 들려 보냈습니다.
그런 다음 우리는 아이들의 거처를 일일이 방문하여 가정용
선물상자를 배달했습니다…. 오늘 여기 왔던 아이 중 여럿은
이리로 이송되기 전에 부모를 잃었습니다.

가족을 생각하며, 그리고 내년에는 집에서 함께 지낼 수 있기를
기원하며 성탄절을 보냅니다.

해럴드 [달]

빅터 다우드 병장은 폴란드에서 온 일곱 살과 세 살배기 자매의 슬픈
눈매, 그리고 아무리 달래고 선물을 줘도 시무룩한 어린 소년에게
강렬한 인상을 받았다. "생생히 기억합니다. 그 아이는 뚜껑 없는
상자를 들고 있었어요. 아무도 그 쓸쓸해 보이는 아이를 웃게 할 수
없었습니다. 걔가 도대체 무슨 일을 겪었는지는 오직 신만이 아실
겁니다."

섣달 그믐날이 찾아왔지만 별로 신나지 않았다. 음울하고 춥고
어두컴컴한 막사에서 새해를 축하하기란 쉽지 않았다. 특히 술도,
승전보도, 가족도, 연인도 없으니 더더욱 그러했다.

— 제23본부 특수부대 공식 기록

베르됭에서는 음침한 보(Vaux) 요새의 일부를 막사로 사용했다. 네드 해리스의 잉크 스케치(위)와 아서 싱어의 수채화(아래)는 막사 외부의 같은 장소를 소재로 삼았다.

그래도 축하 무드에 젖은 고스트 아미 대원이 한 사람 있긴 했다. 12월
29일 밤 톰킨스는 미군 신문 『스타스 앤드 스트라이프스』에서
학수고대하던 뉴스를 접했다. 그는 일기에 적었다. "방금 『스타스 앤드
스트라이프스』에서 보았다. 12월 18일에 아들이 태어났다. 와우!!!"
하지만 나머지 장병들은 명절을 축하하기보다는 불안해하는
분위기였다.

여러 의미에서 1944년은 의기양양해도 될 만한 해였다. 고스트
아미는 미국에서 영국으로, 다시 해협을 건너 프랑스로 건너왔고,
프랑스를 가로질러 독일 국경에 다다랐다. 자신들의 작전으로 적군을
속일 수 있다는 것을 증명했고, 그 과정에서 무사히 살아남았다.
그런데 승리가 코앞인 것 같았던 순간, 다시 베르됭으로 후퇴해야
했다. 추위와 폭설과 수많은 유령들 틈에서 이제 그들은 1945년에는
대체 어떤 운명이 자신들을 기다리고 있을지 궁금해했다.

199

갤러리: 전쟁터에서 보낸 편지

제2차 세계대전 당시 미군 병사와 고향 친지들 간에 수천 톤 무게의 우편물이 오갔다. 미술가 출신의 고스트 아미 대원들은 편지에 삽화를 그려 넣기도 하고, 동료 병사들이 편지를 읽거나 쓰는 데 몰두한 모습을 스케치하기도 했다. 미군과 친구가 된 유럽인이 미군 가족에게 편지를 보내는 경우도 꽤 있었다.

가장 일반적인 우편물 우송 방법은 V-메일(victory의 앞글자를 딴 것)이었다. V-메일은 마이크로필름에 담겨 미국에서 인쇄된 후 다시 수신자에게 발송되었기 때문에 화물 적재 공간을 줄이기에 적합했다.

'일요일에 쓰는 편지', 클리오 호블, 1945.

1 '크리스', 토니 영, 1944.
2 '참호에서 쓰는 편지', 빅터 다우드, 1944.

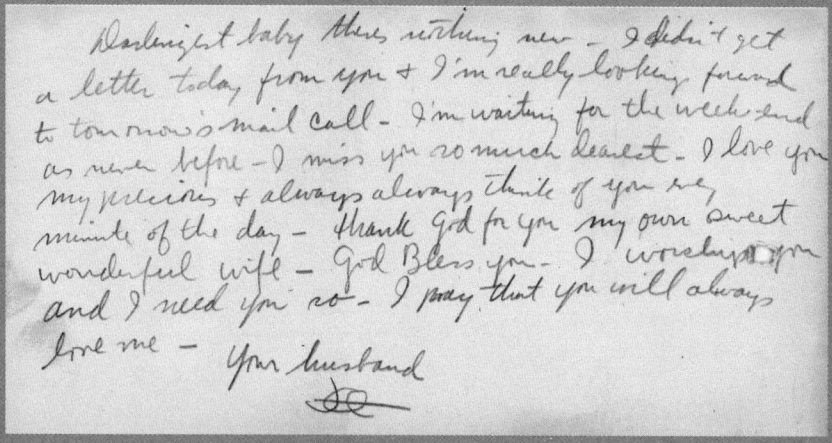

Darlingest baby there's nothing new - I didn't get a letter today from you & I'm really looking forward to tomorrow's mail call - I'm waiting for the week-end as never before - I miss you so much dearest - I love you my precious & always always think of you every minute of the day - thank God for you my own sweet wonderful wife - God Bless you - I worship you and I need you so - I pray that you will always love me - Your husband

조지프 맥 병장의 편지.

1

2

1 '편지', 월터 아넷, 1945.
2 '편지 읽는 병사', 폴 세클.

1 '나의 발렌타인이 돼주오', 버니 메이슨.
2 '프랑스는 꽤 경치가 좋아', 윌리엄 세일스.
3 '전후 계획', 조지프 맥.

Luxembourg, May 20th 1945.

Dear Mr. Wright!

I suppose I am not a stranger for you as you are none for me.

Your son Stanley told me so often about you and gave me stamps he asked for me and you were so kind to send him for me. My best thanks for your kindness and I will send you soon some new Luxbg. stamps for your collection too. I enclose some Belgian stamps and hope you will enjoy them.

I met your son Stan. in Luxembourg when they came as our "Liberators"; he was in a barake

206

전쟁 말기에 룩셈부르크에 주둔했던 스탠리 라이트와 그의 동료 병사들은 애니라는 젊은
여성과 그녀의 가족과 친해졌다. 애니는 유럽전승일 직후인 1945년 5월 20일에 이 편지를
작성해 라이트의 아버지에게 우송했다. 유럽전승일에 촬영한 사진이 동봉되어 있다.
왼쪽에서 세 번째가 스탠리 라이트다. (편지 내용은 210~211쪽 번역 참고.)

near our house and I invited him to come home with his friend.

I wanted to give them the thing they yearn for most -- a warm friendship and the "home" they have missed for so long. We spent very pleasant moments together speaking of you all, your life and pleasures, playing music and we became great friends.

For the moment Stan. is living in Germany with his Comp. but near the Luxemburg frontiere and they are allowed to come to Luxembourg for a Sunday or for 5 hours.

So Stanley came to visit us and we were happy to celebrate the V-Day with him and friends of him with a faithful heart and we never will forget our Liberators.

We were thinking at you all
and talking about you, because
all the "American Boys" wished
to be at home at this very moment
and celebrate their victory with
you. We did our best to let them
feel "home" — Stan. asked me to
write to you and send you the
pictures we took.

I'll do this with pleasure and
give you good news of your Son.
He is in the best of health and
in good humour — just a little
"homesick" — (now more than
before) as they expect to come
home soon.

We wish for you it will be
soon --- though we will miss
Stan. and his friends .. really.

With kindest regards to
You and his Wight, I am
Sincerely Yours
Anny

Foto: Anny DONDELINGER
216 avenue de la FAIENGERIE
LUXEMBOURG.

룩셈부르크, 1945년 5월 20일.

안녕하세요, 라이트 님!

아버님이 제게 낯선 사람이 아니듯, 아마 저도 아버님께 낯선 사람이 아니리라 생각합니다.

아드님 스탠리가 저에게 아버님 얘기를 자주 했고, 제게 준다고 아버님께 부탁했던 우표들도 잘 받았습니다. 보내주셔서 감사합니다. 저도 아버님의 우표 수집에 더하시라고 새로 나온 룩셈부르크 우표를 보내드릴게요. 이 편지에 벨기에 우표도 몇 장 동봉합니다. 마음에 드셨으면 좋겠습니다.

제가 아드님 스탠리를 처음 만난 건 미군이 룩셈부르크에 해방군으로 왔을 때였습니다. 그가 지내던 막사가 우리 집 근처여서 제가 그와 동료 한 분을 집으로 초대했습니다. 저는 그들이 가장 갈망하던 것, 즉 따뜻한 우정과 그리운 "고향 집"의 느낌을 안겨주고 싶었습니다. 우리는 아버님의 삶과 취미에 관해 이야기 나누고 음악을 들으며 아주 즐거운 시간을 보냈고, 좋은 친구가 됐습니다.

현재 스탠리는 부대와 함께 독일에 있지만, 룩셈부르크 최전선과 가까운 곳이어서 일요일 하루 룩셈부르크로 휴가 나오는 것이 허락된답니다. 그래서 스탠리가 저희를 찾아왔어요. 우리는 그와 그의 충실한 동료들과 함께 유럽전승일을 기념할 수 있어 무척 기뻤고, 우리의 해방군을 절대 잊지 않을 것입니다.

우리는 아버님을 떠올리며 이야기 나눴습니다. 왜냐하면, 그 특별한 순간에 이 "미국 청년들"이 전부 고향에서 가족과 승리를 축하하고 싶어 했기 때문입니다. 저희는 그들이 "고향 집"처럼 느끼도록 최선을 다했습니다. 스탠리는 제게 아버님께 편지를 써서 그날 찍은 사진을 동봉해 달라고 부탁했습니다.

스탠리 대해 좋은 소식을 보내드릴 수 있어 저는 지금 즐겁게 이 편지를 씁니다. 그는 매우 건강하고 기분도 좋아 보입니다.

그저 다소 "향수병"에 걸려 있을 뿐인데, 곧 집으로 돌아간다는 기대감에 증세가 더욱 심해진 듯합니다.

그가 하루빨리 고향에 돌아갈 수 있기를 바랍니다. 물론 저희는 그와 그의 동료 병사들을 진심으로 그리워하겠지만요. 안녕히 계세요.

애니 올림.

애니 돈델링거
216 아브뉘 드 라 페이앵세리
룩셈부르크

이동 중에 잠시 휴식을 취하고 있는 고스트 아미.

40년 만의 혹한

한숨도 못 잔 날이 여러 날이었습니다.
그 물렁거리는 전차에서 벗어나
자러 가고 싶은 마음이 간절했습니다.
— 아서 실스톤 병장

12

1944년에서 1945년으로 넘어가던 겨울은 에드 비오 이병에게 43일간이나
샤워를 못 한 계절로 기억된다. 43이라는 숫자는 그의 뇌리에 각인됐다.
쉴 새 없이 이동해야 했고, "어차피 너무 추워서 상관하지 않았다." 그
43일 동안 그가 할 수 있는 최선은 세수하고 가끔 손을 씻는 일뿐이었다.

1945년 1월, 독일의 공격은 둔화되고 연합군은 다시 공세로 전환했다.
새 공격 목표지점이 어디가 될지 적이 알아채지 못하도록 고스트 아미는
연속으로 기만작전을 펼쳤다. 대원들은 로킨바(Lochinvar),
랭글리즈(L'Englise), 슈타인젤(Steinsel) 같은 이름이 붙은 작전에 거듭
임하느라 바빴다.

최전선을 따라 여러 지점을 오가며 기만작전을 수행했다. 고스트
아미는 90사단, 4사단, 95사단을 신속하게 연달아 연기했다. 한 작전이
끝나면 바로 다음 작전으로 이어졌다. "한숨도 못 잔 날이 여러
날이었습니다." 아서 실스톤 상병이 회상했다. 그는 편안한 곳에서 쉬기를
갈망했다. "그 물렁거리는 전차에서 벗어나 자러 가고 싶은 마음이
간절했습니다." 그가 껄껄 웃더니 덧붙였다. "물론 그랬다간 군법회의
회부감이죠."

이 모든 것이 악천후 속에 진행됐다. "프랑스가 40년 만에 겪는
혹한이라더군요. 그 말이 실감 났습니다." 비오가 말했다.

브리에에 주둔 중인 고스트 아미 대원들.

1

SERVICE CLUB
PINE CAMP, N.Y.

"Premonition"

"Everything was packed. We were ready to move. Here we waited in Belgium, in a barrack, dilapidated by time and war, to go ahead. All were set just waiting for the word to move and we each wondered "Why? and Where?."

2

1 '브리에', 아서 싱어, 1945. 싱어는 종이 여섯 장을 이어 붙여 들판의 설경을
   파노라마로 그려냈다.
2 '예감', 어빙 마이어, 1945.
   [짐을 다 쌌다. 이동할 준비가 됐다. 세월과 전쟁에 황폐해진 이곳 벨기에의 막사에서
   명령을 기다렸다. 모든 것이 준비된 상태에서 출발 명령이 떨어지기만 기다렸다. 우리는
   궁금했다. "왜? 그리고 어디로?"]

프랑스 브리에의 다락방 갤러리에서 개최된 미술전시회.

'내 침낭', 월터 아넷, 1944.

"최악이었습니다." 네드 해리스 이병은 어디서 난로를 구해 자기가
모는 트럭 뒤에 설치했다. 그와 동료들은 이 난로를 한동안 따뜻하게
잘 쓰다가 들켰다. 장교는 화를 내며 규칙 위반이니 없애라고 명령했다.
"덕분에 우리 발은 다시 꽁꽁 얼었습니다." 밥 콘래드 중위도 날씨를
회고했다. "천막도 못 치고 눈투성이, 진흙투성이인 곳에서 자주
대기했습니다. 그래도 우리는 보병대에 비하면 훨씬 운이 좋았죠. 차로
이동하면서 보니 보병들은 눈비가 내리는데 진흙 속을 철벅철벅
힘겹게 걸어 행군하더군요. 그걸 보며 내가 차에 타고 있다는 사실을
신에게 감사했습니다."

작전을 수행하러 최전방에 나갔다 돌아오면 프랑스 브리에의
오래되고 우중충한 군용 막사에서 묵곤 했다. 603부대의 예술가들은
다락을 갤러리로 개조해 자기들이 창작한 최고의 작품들을 골라
전시했다. '즉흥 표현', '우리만의 시간' 같은 전시회명도 지었다.
기분전환도 하고, 평소에 스케치북이나 배낭 안에 처박혀 있던
작품들을 꺼내 서로 나누는 기회도 되었다.

솜씨가 자연스럽게 돋보이는 재주꾼들이 몇몇 있었다. 아서 싱어
이병의 수채화는 동료들에게 깊은 인상을 주었다. 해리스는 싱어의
뛰어난 기교에 감탄을 금치 못했다. "아서만큼 훌륭한 그림 선생은
없었습니다." 같은 숙소에서 일주일 넘게 머물 때면, 싱어는 꼭 자기
침상 옆 벽에 새나 그 밖의 동물을 그려 장식했다고 존 자비 상병은
회고했다. "연필로 밑그림도 안 그리고 바로 붓을 잡아 그렸지요." 한편,
키스 윌리엄스 병장은 에칭화로, 벨리사리오 콘트레라스 일병은 펜과
잉크로 그린 작품으로 사람들을 감탄시켰다. 콘트레라스는 "선들을 잘
구성해 시각적인 효과를 내는 데 명수"였다고 네드 해리스는 말했다.
조지 밴더 슬뤼스 병장도 동료들이 높이 평가하는 화가였다. "매우
도회적이고 우아하다"고 잭 메이시 상병은 회고했다. 해럴드 달 이병은
심지어 푼돈을 모아 밴더 슬뤼스의 작품을 몇 점 사기도 했다. 그는
집에 보내는 편지에 친한 동료 클리오 호블 일병의 그림에 대해서도
찬사를 적어 보냈다.

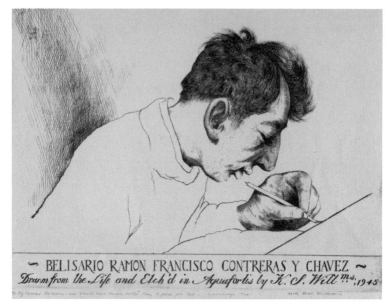

1

2

1 '어리석었던 나의 친구 벨리사리오에게', 키스 윌리엄스, 1945.
2 '자화상', 아서 싱어, 1945.

빌 블라스 일병도 기억할 만한 고스트 아미 출신 예술가다.
인디애나 주 출신인 블라스는 패션디자이너가 되겠다는 야심을 품고
17세에 뉴욕으로 갔다. 동료 병사들은 그에게 금방 호감을 느꼈다.
해럴드 달은 편지에 "어느 모로 보나 괜찮은 녀석"이라고 썼다. 참전
중에 블라스와 절친한 친구가 된 밥 톰킨스는 그에 대해 "스타일이
대담하고, 아주 외향적이고 활달"했다고 회고했다. "결코 의무를
게을리하는 법이 없었습니다." 윌리엄 세일스 이병이 말했다.
"휴지통을 비울 때도 가지런한 이를 드러내며 미소를 지었지요."
『뉴욕타임스』 패션 저널리스트 캐시 호린과 빌 블라스가 공저한
자서전『적나라한 블라스』(Bare Blass)에서, 블라스는 자신이 전쟁 중에
일종의 유쾌한 격리 상태에 있었음을 인정했다. "내게 군대 생활 3년
반은 절대적인 자유를 의미했다. 나는 생전 처음 진정 스스로 알아서
하는 존재였다. 그렇게 심리적으로 생기 넘치는 상태였으니 종종 나쁜
상황을 잘 인식하지 못하고 넘어가는 것도 당연했다."

잭 메이시는 블라스가 참호에서『보그』잡지를 읽던 일을
떠올렸다. "우리는 다들 하나같이 꾀죄죄했는데 블라스는 달랐습니다.
그는 언제나 옷을 반듯하게 잘 갖춰 입었지요. 군복이야 다
똑같았지만, 블라스는 자기 군복을 잘 다렸던지 어떻게 했던 것

지프를 모는 빌 블라스.

빌 블라스가 참전 중에 사용한 스케치북의 겉장과 내지 한 장.

같아요." 실제로 그는 군인의 의무를 다하는 시간 외에는 온전히
패션에만 몰두했다. 그의 수첩은 여성 의복 디자인 아이디어로
가득했다. 파리든 룩셈부르크든 마음에 드는 옷을 발견하면
스케치북에 그려두었다. 그는 수첩 겉장에 자신의 이니셜 B 두 개를
거울에 비친 듯 좌우로 뒤집은 문양을 디자인했다. 이것은 훗날
블라스가 차린 패션디자인 회사의 로고가 된다.

아무리 춥고 상황이 우울해도 장병들은 용케 짬을 내어 네드
해리스의 표현대로 "예술의 신비" 속에서 약간의 안식을 찾았다.
"자리에 앉아 이미지를 창조하는 일에 집중하노라면 정말로 다른
공간으로 이동하는 경험을 합니다. 바로 그 삼매경이 우리 모두에게
진정 도움이 됐다고 생각합니다."

존 자비는 어느 날 밤 벨기에의 마을 아베라비에유에서 보초를
섰던 일을 회상했다. 모질게 추웠던 밤이라 조금이라도 온기를 덜
빼앗기려고 몸을 옹송그리던 그는, 약간 먼 거리에서 역시 보초 근무
중이던 동료 키스 윌리엄스가 두 손을 옴폭하게 모으고 있는 모습을
보았다. 나중에 자비가 무엇을 했는지 물으니, 윌리엄스는 수채화를
그리고 있었다고 대답했다. "뭐로 그렸는데?" 보초 근무에 화구를 들고
나갔나, 하고 놀라서 물었다. "그랬더니 그가 품에서 회중시계를
꺼내는 거예요. 시곗줄에는 단추 크기의 미니 물감 세 점이 매달려
있었습니다. 붓은 붓대를 떼버리고 붓끝만 사용했습니다. 그 세 색상만
갖고도 그는 아름다운 수채화를 그렸습니다." 이튿날 자비도 보초를
서면서 그림을 그렸다.

어느 날 해리스와 자비는 근처 오메쿠르 마을에 있는 북적거리는
유곽에 갔다. "폭동이라도 난 것 같았습니다." 해리스가 회고했다.
"상상 이상으로 엄청나게 지저분한 곳이었습니다. 불결하고, 시끄럽고,
로맨스와는 전혀 무관한 데였죠." 두 화가는 프랑스 아가씨와 자는
대신, 유곽의 모습을 스케치북에 담았다. 완전히 다른 목적으로
그곳에 들른 406부대 전투공병들은 두 사람을 보고 어안이 벙벙했다.
"너네 여기서 뭐 하는 거야? 그림을 그려?"

'보초', 조지 밴더 슬뤼스, 1945.

2

1 '아베라비에유', 존 자비, 1945.
2 '차례를 기다리며', 네드 해리스, 1945.

자비의 스케치 하나는 한 병사가 마담을 유혹하는 장면을 담고
있다. "하지만 그 병사는 마담과 잘 만한 돈이 없었죠." 말끔해
보이려고 머리를 빗는 병사의 모습을 포착한 그림도 있었다. 그
그림들은 익살스러웠지만 다소 절박감도 배어 있었다. 전쟁 통에
폐허가 된 프랑스에서 겨울철에 식구를 먹여 살릴 유일한 방법은
매춘뿐인 여성이 많았다. "밤에 일이 끝나면 문밖에서 남편들이
기다리고 있다가 집에 데리고 갔습니다." 자비가 말했다.

> 1945년 1월 26일
> 이런 날씨에 강제 퇴거당하는 불쌍한 사람들을 보았습니다.
> 냉정한 군의 입장에서 민가는 적군의 은신처가 될 우려가 있는
> 곳이므로, 사람들은 짐을 싸서 자기 집을 나가야 합니다. 이
> 사람들은 식량을 쥐꼬리만큼 받고도 잔뜩 빨래를 해주고
> 6킬로미터나 걸어 세탁물을 배달해줍니다.
>
> — 해럴드 달이 고향에 보낸 편지

224

훗날 고스트 아미 출신 참전군인들은 군대 용어로 "빡센" 최전방에
배치됐던 부대에 비하면 그래도 자기들은 군 생활을 쉽게 했다고
일제히 강조했는데, 특히 1945년 3월 초에 있었던 사건 하나가 그 점을
절실히 깨닫게 했다. 당시 23부대의 트럭들은 독일 마을
자를라우테른(현 자를루이) 부근에서 임시로 교체병력 수송에
투입됐다. 엘즈워스 켈리 이병은 이 임무를 맡은 운전병 가운데
하나였다. 역시 이 일에 투입된 에드 비오가 회고했다. "우리가 수송한
사단은 전투 경험도 전혀 없고, 소총을 조준해본 적도 거의 없었던
부대였습니다." 몇몇 병사들은 두 주 전만 해도 뉴욕에 있었다고 어빙
스템플 이병에게 털어놨다. 에드 비오는 트럭이 꽉 차게 병사를 태우고
뒷문까지 덮어씌운 커버 끈을 조였다. "신병들은 공포에 질린
상태였습니다."

그들은 야간에 포화를 뚫고 병력을 수송했다. "트럭들이 줄지어

가는데 독일군이 끔찍한 비명 같은 소리를 내는 로켓을 쏘아대는 겁니다. 그 빌어먹을 것들이 흉악한 소리를 내며 머리 위로 날아가는 동안 우리는 어둠 속에서 서로 줄줄이 바짝 붙은 상태로 어디 가지도, 숨지도 못하고 그렇게 멈춰 서 있었습니다." 근처에서 기관총 소리가 들렸다. 최전방에 도착해 부교 너머로 새벽 공격이 개시되는 현장에 갑작스레 내던져진 신병들의 속은 공포로 울렁거렸다.

이어진 사태는 그들의 기억에 선명히 각인되었다. "다리 건너편에서 전투가 시작되고, 화염이 솟고, 독일군이 곧 아군을 섬멸했습니다." 에드 비오가 회상했다. "조금 전만 해도 트럭 뒤에 타고 있던 멀쩡히 살아 있던 녀석들이, 몇 분 후 부교 위 어딘가에 목숨을 잃고 쓰러진 거지요." 켈리와 실스톤은 제대로 훈련도 못 받은 병사들이 죽음의 도가니로 향하는 잊지 못할 이미지를 스케치로 남겼다. 이 일을 겪은 고스트 아미 대원들은 모두 그 무의미한 죽음에 분노하고 절망했다. "그 어린 친구들은 그냥 총알받이였습니다." 밥 톰킨스는 65년 전 그 일을 회상하며 말했다. "그게 정말 우리를 화나게 했습니다."

물론 이들은 자신에게도 같은 일이 벌어질 수 있음을 인식하고 있었다. 고스트 아미의 임무는 갈수록 위험해졌다. 작전마다 매번 점점 더 심한 포탄 공격을 받았다. 지금까지는 사상자가 거의 없었지만, 전쟁이 길어질수록 무사히 넘어갈 확률은 줄어들었다. 고스트 아미의 독특한 속성상 특별히 취약할 수밖에 없다는 생각을 부대원들은 떨쳐버릴 수 없었다. "만약 독일군이 우리의 정체와 임무를 알아낸다면 그냥 간단히 밟고 지나갈 수 있었습니다." 아서 실스톤이 말했다. "우리는 스스로 방어할 수단이 없었습니다. 몇몇 트럭에 탑재된 50구경 기관총과 개인화기, 그뿐이었어요."

1945년 3월 12일, 걱정은 정말로 현실이 되었다. 작전명 부종빌(Bouzonville). 고스트 아미 대원들은 제80보병사단을 연기 중이었다. 자를라우테른 근처에서 공격을 준비하는 척하며 그보다 훨씬 북쪽에서 이루어질 진짜 공격을 독일군이 알아채지 못하게 하는 임무였다. 이때쯤 고스트 아미는 자기 과업에 완벽하게 숙달되어 있었다. 하룻밤 사이 가짜 대포가 설치되고 음향부대와 통신부대도 맡은 임무를 수행했다. 불과 서른세 시간만 버티면 되는 짧은 기만작전이었다. 별 탈 없이 잘 진행되다가 마지막 순간에 문제가 발생했다.

슬슬 이동 준비를 하던 병사들을 향해 독일군이 포격을 개시했다. 이 순간 해럴드 레이너 이병은 어느 트럭 옆에 서 있었다. "모든 것을 산산조각내고 눈을 멀게 할 듯한 폭발이 주위에서 연이어 일어났습니다." 발밑에서 땅이 흔들리고 들썩거렸다. 빅터 다우드 병장은 병사로 꽉 찬 트럭에 운전병과 함께 앉아 있었다. "갑자기 우리 앞에 포탄 하나가 떨어지더니, 이어 또 다른 포탄 하나가 우리 머리 위를 지나 바로 뒤에 있던 트럭에 맞았습니다. '병사들에게 여기를 당장 벗어나라고 지시해야 하나' 하고 생각하는데 아니나 다를까 이동 명령이 떨어졌습니다. 운이 좋았지요." 다우드가 회고했다. "'운'이란 정말 결정적입니다. 어느 지점에 있었느냐에 따라 재수 없으면 그냥 죽을 수도 있고, 아니면 저처럼 이렇게 장수할 수도 있으니 말입니다."

필라델피아 출신의 대학생 병사인 통신중대 소속 조지 페들 병장은 타고 있던 트럭이 포탄에 맞아 온몸에 파편이 박혔다. 병사들이 도우려 하자 페들은 "애쓰지 말라, 난 어차피 죽을 것"이라고 말하고 실제로 잠시 후에 숨을 거두었다고 윌리엄 앤더슨 일병이 회고했다. 병사 열다섯 명이 부상을 입었고, 그중 몇 명은 중상이었다. 조 스펜스 이병은 "불과 5~10미터 거리에서 사방으로 튀는 파편에 맞아 팔다리가 잘려나간 사람들"을 볼 수 있었다. 거기서 멀지 않은 지점에 있던 본부중대의 토머스 웰스 대위도 적의 집중포화에 목숨을 잃었다. 고스트 아미로서는 가장 피해가 심했던 작전이었다. "우리는 이 일로 전부 엄청난 충격을 받았다"고 밥 톰킨스는 일기에 적었다. 유사한 상황을 겪은 장병들이 그러하듯, 그는 그날 무사히 생존할 수 있었음을 감사하는 작은 기도를 올렸다.

포탄이 떨어지던 순간 역시 '주여, 제발 저만은' 하고 기도하던

'제발 저만은', 해럴드 레이너, 1947.

해럴드 레이너는 폭파의 충격으로 몸이 트럭에 부딪히면서 등에 커다란 파편이 꽂혔다. 결국 이 상처가 감염되어 치료를 위해 파리로 이송됐다. 파리의 어느 병원에서 회복 중이던 그는 병원을 방문한 파블로 피카소를 만났다. 자기 작품에 열렬한 관심을 보이는 레이너에게 감탄한 피카소는 젊은 화가에게 자기 스튜디오에 한번 찾아오라고 초청했다. "피카소는 멋있는 사람이야. 그가 왜 오늘날 예술계의 최정상에 있는지 알 수 있을 것 같아." 레이너는 아내 글로리아에게 그렇게 편지를 써 보냈다. "그의 스튜디오를 방문해 함께 작업한 경험을 통해서, 앞으로 내 작업을 계속해야겠다는 강한 영감을 받았어." 훗날 레이너는 피카소가 자기 화풍에 중요한 영향을 주었다고 언급했다. 그는 3월의 그 끔찍했던 날로부터 그나마 한 가닥의 행운을 겪은 유일한 병사였다.

피해가 비교적 경미했다는 점에서 운이 좋았다는 것을 그들은 알고 있었다. "그런 일이 더 자주 생기지 않는다는 법이 없었습니다." 다우드가 말했다. 이 사건으로 그들은 정신이 확 들었다. 전시에는 기만작전도 다른 어떤 작전 못지않게 치명적일 수 있었다. "우리가 도대체 여기서 뭐 하는 거냐는 둥, 아무도 우리를 쏘지 않는다는 둥, 하는 소리는 이제 할 수 없었습니다."

그로부터 두 주 후, 고스트 아미 대원들은 이 전쟁에서 최후이자 가장 중대한 작전을 수행하게 된다.

갤러리: 프랑스 브리에에서

프랑스 마을 브리에는 1940년 알자스-로렌 지방이 독일에 병합될 때 함께 넘어갔다. 이 지방에서 나던 자원은 독일군 군수산업용으로 착취당했다. 브리에 해방 후 고스트 아미는 여기서 1945년 초에 몇 달간 막사 생활을 했다.

'브리에, 45년 3월', 밥 톰킨스, 1945.

232

'브리에', 아서 싱어. 1945.

'프랑스 브리에 45', 조 스펜스, 1945.

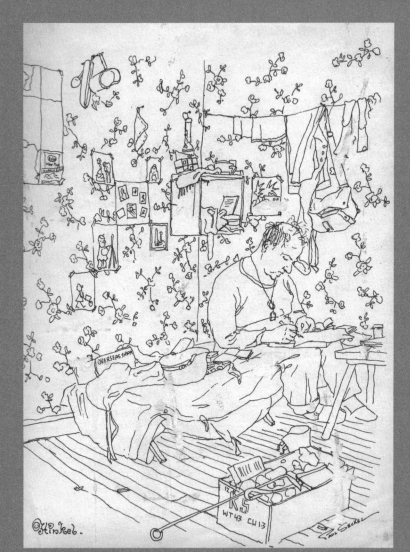

1

1 '조지 마틴', 폴 세클, 1945.
2 브리에 막사에서 자기 자리에 앉아 있는 조지 마틴의 모습.

2

폭격당한 독일 어느 도시의 거리. 고스트 아미 대원 어빙 마이어 촬영, 1945.

최후의 기만대작전

병사 1,100명이 다른 일반 부대의 협조를 얻어,
마치 3만 병사가 라인 강을 돌파할 것처럼 적을 속여야 했다.

13

23부대가 이 전쟁에서 수행한 마지막 기만작전은
다행히도 최고였다.

　　　　　　　　　　　　　－ 제23본부 특수부대 공식 기록

9개월간의 격전 끝에 유럽에서 전쟁은 거의 막바지에 이르렀다. 그러나 연합군이 건너야 할 최후의 장애물이 남아 있었다. 독일 공업중심지의 서쪽 경계선을 이루는 라인 강이었다. 한때 긍지 높았던, 피해는 입었지만 잔존하는 히틀러의 군대가 바로 여기서 최후의 방어전을 펼칠 것으로 연합군 장성들은 예상했다.

부종빌 작전에 앞서 1945년 3월 7일 미군은 독일 마을 레마겐 부근의 철교를 확보하고 하천 너머로 일부 병력을 진군시켰다. 그러나 드와이트 D. 아이젠하워 총사령관은 버나드 로 몽고메리 원수 휘하의 영국군 제21군집단 주도로 대대적인 라인 강 돌파를 실시한다는 계획을 세웠다. 미국 제9군 소속 제30보병사단과 제79보병사단은 3월 24일로 예정된 이 공격에서 한쪽 날개를 담당할 예정이었다.

그 두 개 사단이 실제 위치보다 16킬로미터 남쪽에서 공격을 감행할 것처럼 위장해 독일군을 속이는 것이 고스트 아미의 '피어젠'(Viersen) 작전이었다. 이 최후의 연기는 그 어느 때보다도 대규모의 작전을 요했다. 잠재적으로 병사 수천 명의 목숨이 이 작전에 달려 있었다. "우리는 드디어 최후의 기만대작전을 수행하기에 이르렀습니다." 에드 비오 이병이 말했다. 작전의 세부 사항은 23부대 참모장교 메릭 트룰리 중령이 기획했다. 고스트 아미 대원 1,100명은 다른 일반 부대의 협조를 얻어, 마치 3만 병사가 라인 강을 돌파하려는 양 적을 속여야 했다. 총력을 기울여야 하는 작전이었다.

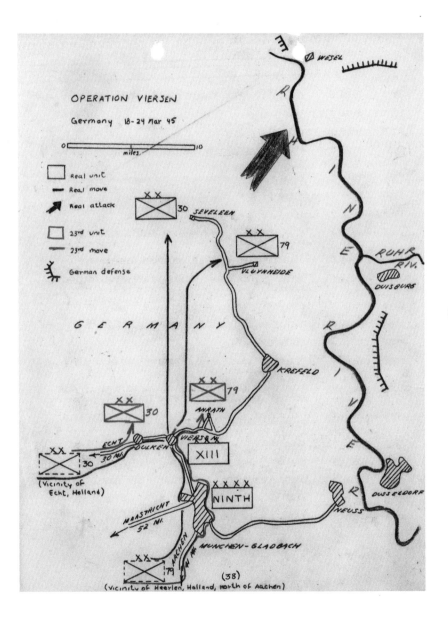

고스트 아미

피어젠 작전 지도. 1945년 제작.

TRAFFIC CONTROL NET SCRIPT
(taken from NCS radio log
18-25 March, 1945)

18 March

1907	From 6	(Readability OK except for interference).
1910	From 7	(3x3).
1915	From 9	(5x5).
1920	From 7	(Reported alternate channel clear, suggested we switch).
1925	To 6	(Asked him to contact 2. He was unable to do so).
1950	From 6	POINT OF C130 PASSED AT 1925.
1952	From 7	POINT OF C126 PASSED AT 1955.
2002	From 7	C126 MOVING UP EAST BETWEEN HERE AND BOISHEM MOVING SLOWLY.
2022	From 6	DELAY BETWEEN SERIALS NEXT ONE SIGHTED.
2037	To 9	THERE ARE GUIDES AT DULKEN TO DIRECT C130 THROUGH VIERSEN.
2044	To 7	(Asked him to contact 2).
2055	From 6	MOVEMENT BETWEEN SERIALS VERY SPOTTY.
2103	To 6	WATCH SECURITY.
2108	From 9	(Inquired as to contact with 2. We have not been able to contact 2).
2122	CQ	SEE LONG FORM DICKEY WANTS COMPLETE 3A AT YOUR STATION STARTING 191100 STOP 191300.
2140	From 7	ONE COLUMN TURNED LEFT N221 REROUTED ONTO L212 EAST.
2207	From 7	TELL ENGLISH HIS PROMOTION CAME THROUGH.
2222	To 9	SIX SAW POINT C130 AT 1925. WHEN DID IT PASS YOU?
2228	From 6	GROUP MISSED L31 RHEINDAHLEN. PUT THEM ON N59.
2236	To 9	KEEP US POSTED ON TIMES.
2244	From 7	BIG BREAK IN COLUMN.

Incl No 15

피어젠 작전 중에 사용된 통신 기만작전 시나리오.

이 작전은 세 가지 점에서 훌륭했다. (1) 23부대는 제9군 전체가 참여한 대규모 스펙터클의 일부를 온전히 책임졌다. (2) 23부대는 효율 면에서 최고 수준에 도달한 상태였고 자신들의 기만 전술력을 최대로 가동했다. (3) 모든 증거로 미루어 작전은 성공이었다.

— 제23본부 특수부대 공식 기록

북진하던 진짜 보병사단 소속 통신병들은 정해진 시점에 통신을 중단했다. 이와 함께 고스트 아미 통신병이 통신을 개시해, 마치 진짜 보병사단이 가짜 공격 거점으로 이동 중인 듯한 상황을 연출했다. 스탠리 낸스 병장은 최전선으로 이동하는 척하려고 여덟 개 장소에서 서른 개 메시지를 전송했다. 그는 무선송신기의 출력 강도를 자기가 모방하는 부대의 송신기와 일치시키려 애썼다. 정밀한 측정 기기가 없어 임시방편을 썼다. 해당 부대의 통신장비 안테나에 연필을 갖다 대고 연필과 안테나 사이에 불꽃이 얼마나 강하게 튀는지 확인한 다음, 같은 정도로 불꽃이 튈 때까지 자기 장비의 출력 세기를 조절했다.

위장공병들은 강화된 병력을 감추는 척하며 크레펠트 마을 부근 라인 강가에 연막을 쳤다. 가짜 군수물자 집적소와 가짜 사령부도 설치했다. 라인 강에서 너무 가까웠기 때문에 독일군은 정찰기를 최대한 동원해 미군의 움직임을 파악하려 들었다. 이를 알고 있었던 23부대는 안라트와 될켄 마을 주변에 공기주입식 전차와 기타 가짜 군용차를 200대 이상 배치해, 강에서 서쪽으로 불과 몇 킬로미터 안 되는 지점에 엄청난 규모의 병력이 대기하고 있는 듯한 착시효과를 일으켰다. 숲, 뜰, 벌판이 가짜 전차와 트럭으로 가득했다. 실감을 배가시키기 위해 진짜 장갑차와 진짜 보병대를 동원했다. 몇 대 안 되는 진짜 대공포는 가짜 대공포 여든 대를 추가 설치해 보완했다.

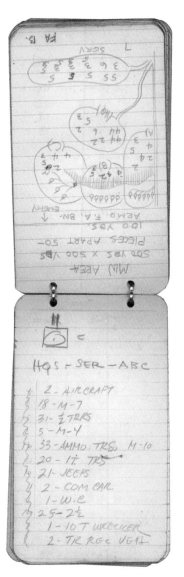

1

2

1 스탠리 낸스는 자신이 모는 통신장비 탑재 지프차를 '킬로와트 커맨드'라
  명명하고 안테나에 늘 이 삼각기를 달고 다녔다.
2 기갑사단 야영지의 표준 도면이 담긴 토니 영의 수첩.
  이것은 기만작전을 더욱 정교하게 수행하는 데 활용됐다.

1945년 3월 22일

물품을 확인하고 농가에서 두 시간 반 동안 눈을 붙였다…. 그
어느 때보다도 많은 가짜 장비를 설치했다. 민간인과의 대화는
금지다. 집집이 대문에 백기가 걸려 있다. 오늘 밤따라 유난히
외롭고 집이 그립다.

— 밥 톰킨스 병장의 일기

제2차 세계대전 당시 미 육군 사단들은 각기 소형 비행기를 보유하고
있었고, 들판에 간단한 비행장만 가설하면 이륙해 정찰비행이나
비상수송을 할 수 있었다. 그래서 23부대원들은 자신들이 연기하는
사단마다 하나씩 가짜 비행장을 설치하고 공기주입식 L-5 정찰기를
배치했다. 그렇게 만든 간이 비행장이 너무 실감 났던 나머지 진짜
정찰기 한 대가 착륙했다가 된통 욕을 먹고는 바로 다시 이륙해야 했다.

음향 효과 담당부대도 쉴 새 없이 일했다. 야간에는 트럭이
진입하는 음향을 틀고, 낮에는 호수 후면 수 킬로미터 지점에서 교량을
설치하는 소음을 냈다. 공병들이 공격 개시 직후 라인 강 돌파에
사용할 부교를 가설하는 훈련을 하는 듯한 착각을 일으키려는
목적이었다. 23부대에 배속된 진짜 부교 가설 담당 부대가 실제로
부교를 일부 제작해 착시에 신빙성을 더했다.

브레스트에서 겪은 조정력 부족의 교훈을 이번 작전에서 대폭
보완했다. 가짜 사단마다 보병대대를 하나씩 배속시켜 그럴듯한 외관을
갖추었다. 제9군은 가짜 공격 거점 상공에 정찰기를 띄우고, 그곳을
중심으로 포격을 확대했다. 야전병원도 설치해 거기가 공격 거점이라는
인상을 강화했다.

라인 돌파 작전일 전야에 드와이트 D. 아이젠하워 연합군
총사령관과 윈스턴 처칠 영국 총리는 이 획기적인 순간을 목도하기
위해 버나드 로 몽고메리 원수와 합류했다. 심혈을 기울인
기만작전이었지만 정말로 성공할지는 아무도 몰랐다.

피어젠 작전에 활용된 가짜 사령부와 가짜 보급창.

1

2

1 피어젠 작전에 쓰인 가짜 전차.
2 공기를 주입해 부풀린 가짜 비행기.

1

2

1 안라트-뒬켄 지역에 설치된 가짜 병기들을 촬영한 항공사진.
2 뒬켄 근처에 설치된 표지판, 1945.
　[당신은 지금 제45보병사단의 허가로 독일 영토에 진입한다.]

3월 24일 이른 새벽, 상륙주정이 라인 강을 건너기 시작했다. 주정에 올라탄 보병들은 격전에 임할 준비를 하며 마음을 가다듬었다. 그러나 연합군의 공격 지점을 잘못 예상했던 듯 독일군의 항전은 미미하고 무질서했다. 도하작전에서 숨진 미군은 서른한 명이었다. "미국 제9군은 사상자도 별로 없이 강을 건넜습니다." 로이 에이콘 미육군 제병합동본부 전 연구개발본부장이 말했다. "대규모 훈련에서도 그 정도 피해는 나올 겁니다."

미군 정보장교들은 기만작전 덕분에 이 같은 결과가 가능했다고 확신했다.

> 라인 강 돌파작전에 참여한 진짜 부대들은 위장작전의 성공에 기뻐했다. 제30사단의 G-2[정보장교]는 미군의 공격이 "적에게 완전히 의외였으며 결과적으로 미군 사상자를 줄일 수 있었다"고 말했다. 제79사단의 G-2는 공격 직전 독일군이 수집한 미군 전투서열 정보가 담긴 지도를 입수했다. 이 지도에서 79사단의 위치는 정확히 23부대가 있었던 지점에 표시되어 있었고, 30사단은 아예 누락되어 있었다. 제9군 G-2에 따르면, 독일군은 연합군의 도하작전이 베젤 북쪽 크레펠트 맞은편에서 미미하게 이루어질 것으로 예측하고 있었다. "피어젠 작전이 미군의 실제 부대 배치계획과 의도에 관해 적을 속이는 데 중대한 기여를 했다는 사실에 의심의 여지가 없다"고 그는 언급했다.
> — 제23본부 특수부대 공식 기록

고스트 아미의 일원인 존 워커 중위도 그처럼 대규모의 기만작전을 성공적으로 수행해냈다는 데 대단한 자부심을 느꼈다. "최고의 병사로 구성된 최고의 군대를 속이는 데 성공했으니 스스로 대견해할 만했습니다."

HEADQUARTERS
NINTH UNITED STATES ARMY
Office of the Commanding General

APO
29 March 1945

SUBJECT: Commendation

TO   : Commanding Officer, 23d Headquarters Special Troops,
        Twelfth Army Group.
        THRU: Commanding General, Twelfth Army Group

    1. 23d Headquarters Special Troops, Twelfth Army Group, was attached to NINTH UNITED STATES ARMY on 15 March 1945 to participate in the operation to cross the RHINE River.

    2. The unit was engaged in a special project, which was an important part of the operation. The careful planning, minute attention to detail, and diligent execution of the tasks to be accomplished by the personnel of the organization reflect great credit on this unit.

    3. I desire to commend the officers and men of the 23d Headquarters Special Troops, Twelfth Army Group, for their fine work and to express my appreciation for a job well done.

/s/ W. H. Simpson
/s/t/ W. H. SIMPSON,
Lieutenant General, U. S. Army,
Commanding.

제23본부 특수부대가 받은 표창장.

1. 제12군집단 제23본부 특수부대는 1945년 3월 15일 미국 제9군에 배속되어 라인 강 돌파작전에 참여함.
2. 본 부대는 작전의 주요 부분인 특수 임무를 수행함. 부대원들의 신중한 계획, 세부 사항의 용의주도함, 성실한 과업 이행은 이 부대의 탁월한 공로를 반영함.
3. 본인은 제12군집단 제23본부 특수부대 소속 장병들의 훌륭한 작전 수행을 표창하고 성공적인 임무 완수에 감사를 표하고자 함.

미 육군 지휘관 W. H. 심프슨 중장.

1945년 3월 24일

어제 비행기에서 우리의 작업을 관찰한 장성들이 이 기만작전에
관해 우리를 상당히 칭찬했다. 제리가 지난 며칠간 이 모든 것을
자기 카메라에 담았다. 제8군단은 우리를 멋진 부대로 여긴다.

— 밥 톰킨스 병장의 일기

"사람들은 우리에게 바로 그 일주일을 위해 3년간 군 생활을 한
것이라고 말했습니다." 작전이 얼마나 성공적이었는지 회상하며
에드워드 보차 이병이 말했다. 로이 에이콘은 이렇게 언급한다. "그
일만으로도 이 부대의 존재의의가 정당화된다고 보는 사람도 있었다.
실제로 작전은 매우 인상적이었다." 제9군 지휘관 윌리엄 심프슨
장군도 깊은 인상을 받은 사람 중 하나였다. 그는 표창장을 작성해
고스트 아미의 기만술이 라인 강 돌파 작전의 "주요 부분"이었음을
밝히고, 그것이 "이 부대의 탁월한 공로"를 반영한다고 덧붙였다.

몇 주 후 해럴드 달 이병은 고향에 보내는 편지에서 이 표창장을
언급하며 흥분했다. 당시 함구령은 해제된 상태였다. "대통령 표창
추천도 받을 거라고 들었어요." 그는 자랑했다. "사소한 일이지만 우리
모두 굉장히 자랑스러워하고 있습니다."

대통령 표창은 이루어지지 않았다. 하지만 그들이 전쟁 중에
유일하게 받은 심프슨 장군의 공식 표창만으로도 칭찬은 충분했다.
고스트 아미의 마지막 공연에 주어진 최고의 찬사였다.

미 해군 수송함 O. H. 언스트 장군 호.

자유를 위한 축배

내내 암흑 속에서 지내다가 불이 확 켜지면 장관일 수밖에 없지요.
도시는 몰려드는 인파로 가득했습니다. 불이 켜지기 전에는 도심
광장에 사람이 있는지도 몰랐는데 수천 명이 모여 있는 겁니다.
그 기분이란! 집집마다 커튼이 활짝 열렸습니다. 가로등이 켜지고,
사람들이 환호하며 햇불을 들었습니다.
정말로 흥분되는 광경이었습니다.
— 존 자비

14

트리어는 독일에서 가장 오래된 도시 중 하나로, 2,000여 년 전 로마인들이 세웠다. 이 지역 교외 통근자들은 지금도 서기 2세기에 건축된 로마식 교량을 이용해 모젤 강을 건너다닌다. 그러나 1945년 4월, 트리어는 연합군의 폭격으로 엄청난 피해를 입고 폐허가 된 상태였다. 이곳은 고스트 아미가 유럽에서의 긴 여정을 마무리하는 최종 목적지이기도 했다.

파괴됐어도 트리어는 여전히 아름다웠다. 고스트 아미 화가들은 도시 동쪽 언덕에 올라 모젤 강의 파손된 다리들을 그림에 담았다. (로마식 교량은 경미한 손상만 입었다.) 이제 기만작전을 다시 펼칠 일은 없었다. 하지만 병사들은 트리어에서 마지막 임무를 수행하며 히틀러의 악행과 전쟁의 실상을 새삼 통감했다. 제23본부 특수부대가 맡은 임무는 트리어 일대의 실향민(DP, displaced persons) 캠프 다섯 개소를 감시하는 일이었다.

전쟁이 끝날 무렵 유럽에서 고향을 떠난 피난민은 수백만에 이르렀다. 그들은 홀로코스트 생존자이거나 포화를 피해 달아난 사람들이었고, 나치에 의해 강제노역에 동원됐던 이들도 상당 비중을 차지했다. 23부대가 경비를 맡은 캠프는 유럽 각국 출신 난민 수만 명을 수용하고 있었다.

252

> 이 가엾은 사람들을 가리키는 공식 명칭은 '실향민'이지만 사실상 나치독일의 노예였다가 해방된 자들이다. 이들은 식량, 쉼터, 의복, 세면시설, 안내 그리고 고향에 돌아갈 교통수단이 필요했다…. 실향민의 국적은 총 26개국이고 ─ 그들은 서로 미워할 때가 많았다 ─ 독일 현지인들은 그들을 무서워하거나 경멸했다.
>
> ─ 제23본부 특수부대 공식 기록

'트리어', 아서 싱어, 1945.

1

2

1 '트리어', 앨빈 쇼, 1945.
2 '독일 1945', 네드 해리스, 1945.

'모젤 강의 다리', 벨리사리오 콘트레라스, 1945.

이들은 히틀러 정권에 끔찍하게 유린당한 나머지 "실성한 상태"였다고 잭 맥글린 병장은 회고했다. "그 사람들 탓만 하기는 어렵지만, 마을을 약탈하고 지역민을 살해했기 때문에 독일인을 그만 해치도록 감시해야 했습니다." 이번 임무는 고스트 아미 대원들의 마음을 불편하게 했다. (공식적으로 아직 적국인) 독일 국민을 보호한답시고 (연합국 국민이 다수인) 실향민을 가두는 일을 납득할 수 없었다.

> 1945년 4월 15일
> 러시아인과 폴란드인은 기회만 있으면 온갖 물건을 훔치지만,
> 나는 그들을 탓하지 않는다. 망할 독일 놈들을 보호해야 한다니
> 분하다. 일부 러시아인은 무장하고 언덕에 숨어 밤에 독일인을
> 습격한다. 우리로서는 모른 척하는 게 더 영리한 일일 텐데.
> ─밥 톰킨스 병장의 일기

고스트 아미 대원들은 2인 1조로 철조망 바깥에 배치됐다. 존 자비 상병은 난민의 탈출 시도를 여러 차례 목격했다. "철조망에서 짤랑거리는 소리가 들려 손전등을 비춰보면, 우리로부터 1.5미터쯤 떨어진 지점에서 사람들이 기어 나옵니다. 그들은 어떻게든 빠져나가려고 우리를 죽이든 때려눕히든 할 기세였지요…. 그러면 우리는 톰슨 기관단총을 발사합니다. 명중시키려는 게 아니고 다시 철조망 안으로 들어가게 하려고요."

톰킨스 병장과 병사 몇 명은 마을 사유지에 숙박하면서 약탈거리를 찾아다니는 난민의 습격을 막거나, 새벽에 우유를 배달하는 독일 농민의 트럭 조수석에 타고 우유를 약탈하지 못하게 경호하는 임무도 맡았다.

4월 17일, 독일 비틀리히 소재 난민 캠프에 수용된 러시아인 여섯 명이 밀가루를 구하려고 근처 마을에 갔다. 성난 마을 주민이 그들을 공격해 러시아인 두 명을 살해했다. 이튿날 23부대원들은 분노한 러시아 난민들을 그 마을로 데리고 가 범인들을 식별하게 했다.

1 '빌 블라스', 빅터 다우드, 1945.
2 난민 캠프의 통행금지 표지판. 의자에 앉아 있는 이가 빌 블라스.

'탈출', 존 자비, 1945.

독일에 설치된 난민 캠프, 1945.

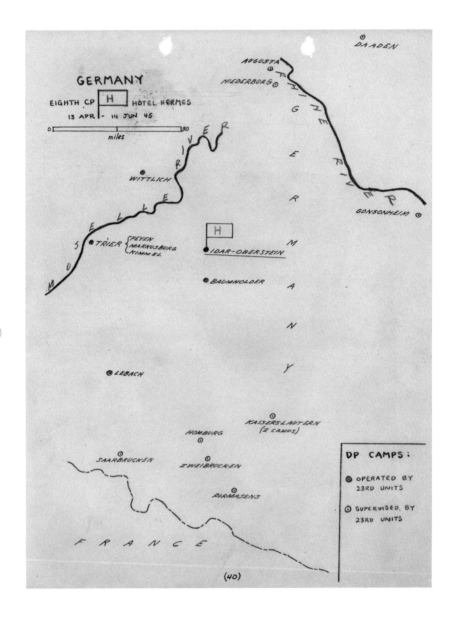

제23본부 특수부대가 경비를 맡은 난민 캠프가 표시된 지도. 1945년 제작.

1945년 4월 19일
러시아인들이 앞장섰다. 마을 사람들이 쇠스랑을 들고
몰려나오자 50구경 기관총을 장착한 지프들이 그들을 압박했다.
러시아인들이 독일 놈들의 숨통을 조였고, 토니가 50구경
기관총을 발사해 독일 놈들을 달아나지 못하게 했다.

— 밥 톰킨스 병장의 일기

주민 하나가 쇠스랑을 들고 찰스 불리언 이병에게 달려들었으나
러시아 난민에게 태클을 당했다. 독일인 여섯 명이 체포됐다. 난민들은
미군 병사들이 이런 일에 좀 더 공격적으로 대처해주기를 원했다.
"그들은 왜 우리가 독일인을 총살하지 않는지 이상하게 여겼다"고 밥
톰킨스 병장은 일기에 적었다. "내가 생각해도 그렇다."

캠프를 탈출해 마을에서 식량을 훔치는 러시아 난민을 잡아오라는
명령을 받은 빅터 다우드 병장은 귀를 의심했다. "말도 안 되는
소리였습니다. 군대가 미쳐 돌아가는 거죠. 러시아인이 독일인을
못살게 구니 우리보고 잡아오라는 겁니다. 얼마 전만 해도 우리가
독일 사람에게 총을 쏘고 저들도 우리를 살해한 사실은 다 잊었냐는
거죠." 45구경을 들고 숲속을 뒤지던 다우드는 자기와 비슷한 또래로
짐작되는 러시아인 한 명과 마주쳤다. 그자는 순순히 항복했다.
"다행이었습니다. 안 그랬으면 같은 편인 사람을 쏘아야 하는 딜레마를
제가 어떻게 감당했을지 모릅니다."

별도로 유사한 명령을 수행하던 버즈 세넷 이병은 독일 가정을
공격해 공포에 떨게 한 러시아 10대 소년 두 명에게 실제로 발포했다.
"숲에서 총에 맞은 두 소년은 밀가루 포대처럼 땅바닥에 엎어져
있었습니다." 잭 메이시 상병이 회고했다. "우리는 그들을 트럭에
실었습니다. 이미 숨이 끊긴 상태였습니다. 이후 저는 그 충격에서
완전히 회복하지 못했습니다." 메이시는 역사상 가장 비참했던 전쟁을
막 겪은 참이었지만, 아마도 전쟁과 살육이 다 끝났다고 생각한 순간에

난민 캠프에서 열린 노동절 기념 행진.

그런 사건이 일어나 더욱 충격이 컸는지도 모른다. "저는 당시
열아홉이나 스물이었고, 그 아이들은 열여섯 살이었어요. 이게 무슨
참사랍니까? 운명의 장난 아닙니까? 왜 저는 운 좋은 놈이고, 그
아이들은 운 나쁜 놈들이 됐느냐고요."

철조망 안의 사정은 조금 나았다. 여러 난민 캠프에 러시아인과
폴란드인이 섞여 있었다. "그들은 서로를 격렬하게 증오했습니다." 밥
톰킨스가 회상했다. "매일 밤 서로 살해를 저질렀습니다. 상황을
통제해야 했는데 우리가 치안 경험이 부족해서 밤마다 혼란이
대단했습니다." 러시아 난민들이 훔친 감자로 제조한 도수 높은
보드카는 문제를 더욱 악화시켰다. 캠프는 만성 식량 부족에 시달렸다.
장교들은 트리어에 가서 난민용 식량 목록을 시장에게 전달했다.
이틀날 그들은 트럭을 끌고 읍내에 갔지만 식량은 제공되지 않았다.
시장은 마을에 남는 식량이 없다고 말했다. 그러자 장교 하나가
시장에게 다음 날까지 식량을 준비해놓지 않으면 난민 캠프 문을 활짝

열어 난민을 마을에 왕창 풀어놓겠다고 말하는 소리가 길 셸처 중위의
귀에 들렸다. 이튿날 아침, 요청한 모든 식량이 제공됐다. 나중에는
결국 연합군이 자체적으로 배급 식량을 수송해 오기 시작했다.

연합군 입장에서는 실향민을 고향으로 돌려보내는 일이 목표였다.
그러나 러시아인 상당수가 돌아가고 싶어 하지 않았다. "귀향을
두려워하는 사람들이 많았습니다." 빅터 다우드가 말했다. "돌아가면
어떤 일이 기다릴지 우리보다 더 잘 알았던 것 같습니다." 잭 메이시는
러시아 난민들을 모스크바행 기차에 태우는 즐겁지 않은 임무를
맡았다. "우리는 그들이 기차에 타지 않으려는 것을 알아챘습니다.
'집에 가는데 기쁘지 않으냐'고 물으니, '아니다, 가고 싶지 않다'고
하더군요." 실향민들은 자신을 기다리는 운명에 대한 소문을 들었다.
그 소문은 사실로 드러났다. 피해망상에 시달리는 이오시프 스탈린은
독일군 포로였던 러시아 병사와 민간인을 전부 적군의 협력자로
의심했다. (자기 아들이 독일군 포로가 되자 며느리를 체포하기도
했다.) 러시아에 돌아가면 심문받거나 투옥되거나 처형될 가능성이
컸다. 그래서 돌아가기를 원치 않은 것이다. "기차에 타지 않으려는
난민 가족을, 남편과 아내와 아이들을, 우리가 억지로 기차에
태웠습니다." 메이시는 괴로워하며 말했다.

실향민 캠프를 경비하는 임무는 5월 초까지 이어졌다. 이때쯤
러시아 난민과 폴란드 난민은 분리 수용됐다. 현장에 도착한 소련군
장교가 실향민들에게 깃발 들고 노래하며 노동절 기념 행진을 하라고
부추겼다. 행사 중에 프레드 폭스 중위를 포함한 고스트 아미 장교 몇
명도 커다란 스탈린 사진이 붙은 플랫폼 위에 올라가 섰다. 하지만
주변 어느 누구도 웃는 얼굴이 아니었다.

독일에서의 생활은 별로 힘들지 않았다. 고스트 아미 대원들은
다른 점령지에서와 마찬가지로 미군 방침에 따라 집주인을 퇴거시킨
민가에서 지냈다. "저는 지금 상당히 독일인스럽게 지냅니다." 해럴드
달 이병이 편지에 적었다. "독일 침대에 앉아, 독일 촛불을 켜고, 독일
지리책을 받침대로 놓고, 독일 잉크로 편지를 쓰고 있습니다. 작은

263

난로 위에서 독일산 루바브가 익어가고, 독일 전선을 따라 독일 음악이
흘러들고 있어요."

    널찍한 대지의 목가적인 구역에 자리한 민가를 소대마다 한 채씩
제공받았다고 윌리엄 세일스는 회상했다. 그가 배정받은 집은 "인형의
집처럼 예쁘고 모든 것이 완벽"했다. 세일스는 집주인 부부의 아들
셋이 전사했다는 내용이 적힌 서류를 위층에서 발견하고 마음이
아팠다. 그는 찬장에서 자기 고향 뉴욕 주 올버니 시의 풍경이 그려진
자그마한 기념품 물주전자를 찾아냈다. 묘한 우연의 일치였다.
세일스가 소속된 소대의 하사는 집주인이 식량이나 귀중품을
묻어두었을 것으로 짐작하고 부하들을 시켜 뒤뜰을 파헤치게 했다.
역시나 귀한 것들이 묻혀 있었다. 감자 한 자루, 버터 항아리, 모피
코트 등이 나왔다. "우리는 밤낮으로 프렌치프라이만 해 먹었습니다!"
세일즈가 유쾌하게 말했다.

    장병들은 난민 캠프에서 그리 멀지 않은 룩셈부르크 시로 종종
놀러 갔다. 존 자비는 마침 자기가 룩셈부르크 시에 간 날, 전쟁 통에
수년간 끊겼던 전기가 다시 공급됐다고 회고했다.

> 내내 암흑 속에서 지내다가 불이 확 켜지면 장관일 수밖에
> 없지요. 도시는 몰려드는 인파로 가득했습니다. 불이 켜지기
> 전에는 도심 광장에 사람이 있는지도 몰랐는데 수천 명이 모여
> 있는 겁니다. 그 기분이란! 집집마다 커튼이 활짝 열렸습니다.
> 가로등이 켜지고, 사람들이 환호하며 횃불을 들었습니다. 정말로
> 흥분되는 광경이었습니다.

603부대의 또 다른 화가 스탠리 라이트 병장은 다락방 하나를
'징발'하여 자신과 동료 화가들의 스튜디오로 사용했다. 1945년 5월
8일 그들은 "눈에서 아름다운 광채를 발하는" '야니나'라는 이름의
소녀를 화폭에 담았다. 그날 밤 라이트는 고향에 있는 어머니에게
편지를 썼다.

1

2

1 '독일 비틀리히', 윌리엄 세일스, 1945.
2 '러시아 처자 두 명과 함께 감자 껍질을 벗기며', 빅터 다우드, 1945.

우리 모두 와인을 홀짝거리며 빠른 속도로 열심히 작업하고
있는데 아름다운 불덩어리가 보랏빛 언덕 너머로 금방
사라졌습니다. 잠시 후 바깥에서 사람들 소리가 들렸습니다.
웅성거림이 점차 고함으로 바뀌더니 누가 '드디어 끝났다'고
말했습니다. 명료하진 않았지만 우리는 그 말의 의미를
알아차리고 창가로 뛰어가 환호하고, 속으로 기도를 올리고,
자유를 위한 축배를 들었습니다. 그러고는 땅거미가 우리 모두를
집어삼킬 때까지 다시 한 시간 정도 그림을 그렸습니다. 아마도
고향은 지금 환희와 축하와 열광의 도가니일 것으로 짐작됩니다.
하지만 이곳의 병사 대다수는 잠시 긴장을 풀고 지난 한두 해를
돌아보며 그게 다 꿈 ― (혹은) 악몽이었나 자문하고 있습니다.

히틀러는 이미 무덤에 들어간 지 일주일이었고, 독일 장성들은 프랑스
랭스에서 아이젠하워 사령관에게 항복한 상태였다. 유럽에서의 전쟁은
정식으로 종료됐다. 모든 사람이 종전을 축하했다. "오늘 밤 세상이
아름답다." 밥 톰킨스가 일기에 적었다. "길고 험한 여정이 끝나서
신에게 감사한다."

'스튜디오', 윌리엄 세일스, 1945.

SEPARATION QUALIFICATION RECORD
SAVE THIS FORM. IT WILL NOT BE REPLACED IF LOST

This record of job assignments and special training received in the Army is furnished to the soldier when he leaves the service. In its preparation, information is taken from available Army records and supplemented by personal interview. The information about civilian education and work experience is based on the individual's own statements. The veteran may present this document to former employers, prospective employers, representatives of schools or colleges, or use it in any other way that may prove beneficial to him.

1. LAST NAME—FIRST NAME—MIDDLE INITIAL			MILITARY OCCUPATIONAL ASSIGNMENTS		
PASTORCICH, MARION			10. MONTHS	11. GRADE	12. MILITARY OCCUPATIONAL SPECIALTY
2. ARMY SERIAL No.	3. GRADE	4. SOCIAL SECURITY No.	3	Pvt	Engineer Basic (729)
15 322 317	Pfc	Unknown	34	Pfc	Camoufleur (804)

5. PERMANENT MAILING ADDRESS (Street, City, County, State)
1221 Addison Avenue, Cleveland, Cuyahoga County, Ohio

6. DATE OF ENTRY INTO ACTIVE SERVICE 21 Sep 1942
7. DATE OF SEPARATION 20 Oct 1945
8. DATE OF BIRTH 8 Dec 1921

9. PLACE OF SEPARATION
Separation Point
Camp Sibert, Alabama

SUMMARY OF MILITARY OCCUPATIONS
13. TITLE—DESCRIPTION—RELATED CIVILIAN OCCUPATION

CAMOUFLEUR: As a member of 603rd Engineer Camouflage Battalion trained in the United States and in combat conducted a campaign of deception against the enemy. In five (5) campaigns, used dummy tanks, vehicles and guns to deceive enemy as to strength of Allied Troops and deployment of same. Drove light vehicles on which these dummies were mounted; also chauffeured officer in charge of platoon. Possessed a high degree of color discrimination and blended paints to produce natural effects. Understood effects of changing weather conditions on camouflage.

WD AGO FORM 100

고스트 아미 대원 매리언 패스터시치의 전역 증명서.

The Commanding Officer of Troops on this ship is
Col. Harry L. Reeder, CO of the 23rd Headquarters,
Special Troops. This is the story of his command.

The 23rd Hq Sp Trps has probably been associated with more Armies and been
to more places than any other unit aboard ship. Some of its members landed
on D-day with the First Army. Later part of the command participated in the
Brittany campaign with the Third Army. When Field Marshall Montgomery crossed
the Rhine in March the 23rd was attached to the Ninth Army. Finally, when
the war was practically over, this versatile outfit took charge of 100,000
milling Displaced Persons for the Fifteenth Army.

The itinerary of the 23rd sounds like a roll call of famous place names,
altho modest members of this unit will be the first to admit that they
were not entirely responsible for publicizing these once-quiet little
towns. They watched the liberation of Cherbourg, drove thru the rubble
of St. Lo, could have been cut off by the German counter-attack at Mor-
tain, helped put the squeeze on Von Ramcke at Brest, took the cheers and
kisses of frenzied Parisions, were second into Luxembourg after the 5th
Armored Division, shared the cold snows south of Bastogne with the 4th
Armored Division (but don't let any 23rder tell you he relieved the
101st Airborne!), hung around the dreary Saarland with XX Corps, gaped
as the 17th A/B flew over to secure a bridgehead on the lower Rhine.
One detachment got as far as Pollwitz, a few miles from Czechoslovakia.

Almost any man in this peripatetic unit can toast in six different languages,
and talk knowingly of the ETO campaign from the beaches to the Elbe.

Naturally, there have been some exciting moments. For instance, last summer
one column was temporarily mislaid near Lorient; or when on 16 Dec the cooks
and KP's of the 4th Infantry Division held the Germans just east of Luxem-
bourg's 23rd Hq; or when the Displaced Persons rioted at Trier because one
nationality thought another nationality was borrowing its water while actu-
ally stealing its women.

After a month or so mouthing such sweet place names as Boston, New York, Den-
ver, Phoenix and Kalamazoo, the 23rd Hq Sp Trps will possibly down a series
of Oriental sourballs including Chofu, Uchidonari, Tonigusuku, Hakonegasaki
and Fuchu. Igaga desu ka!

- - - - - - - - - -
FAREWELL AND GOOD LUCK

Since there will be no Sunday edition of ERNST EVENTS, this will be the fin-
al edition for the current voyage. Therefore, it is with extreme sincerity that
we of the U.S.S. GENERAL O. H. ERNST bid all of you fellows (yes, and you two
excellent examples of fine American womanhood - the Red Cross workers, too) fare-
well and good luck. We have felt honored at being placed in contact with you
who have done so much to bring this dreadful conflict to a successful conclusion.
During the almost twelve months this vessel has been in commission we have come
in contact with a varied assortment of personnel, both service and civilian. In
most cases they all lived up to the high standards demanded of such personnel.
But no group surpassed the passenger personnel on board during the current trip.
You have all behaved as ladies and gentlemen and have left nothing but the finest
of cordial feelings with those of us who will remain aboard to transport still
more passengers to various places throughout the world. Possibly we will some day
have the pleasure of meeting some of you again. But whatever the fates hold in
store, for now we can simply say to all of you - FAREWELL AND GOOD LUCK.

수송함 O. H. 언스트 장군 호가 발행하는 소식지 「언스트 인콰이어러」는 23부대의 약력을 모호하게
기술하고 상세한 내용을 밝히지 않았지만 독자의 흥미를 끌기엔 충분하다.
(기사 내용은 오른쪽 번역 참조.)

언스트 인콰이어러
1945년 6월 30일

본 함선에 승선한 부대의 지휘관은 제23본부 특수부대 해리 L. 리더 대령이다.
다음은 그의 휘하 부대에 관한 이야기다.

제23본부 특수부대는 아마 본 함선에 승선했던 다른 어떤 부대보다 여러 육군부대와 연관을
맺고 수많은 장소를 누비고 다녔을 것이다. 일부 부대원은 제1군과 함께 디데이에 상륙했다.
다른 부대원은 나중에 제3군의 브르타뉴 군사작전에 참여했다. 3월 23일 몽고메리 원수가
라인 강을 돌파할 때 23부대는 제9군에 배속되었다. 또한 전쟁이 실질적으로 종료된 후에는
이 다재다능한 그룹이 제15군을 위해 피난민 10만 명의 보호를 담당했다.

23부대의 여정은 마치 유명한 장소 이름을 모아 놓은 목록과도 같다. 물론 이 부대의 겸손한
장병들은 한때 고요했던 마을들이 그렇게 유명해진 것은 자기들 때문만은 아니라고 서둘러
지적할 것이다. 그들은 셰르부르의 해방을 보았고, 생로의 폐허를 통과했으며, 모르탱에서
독일군에 역습을 당할 뻔했고, 브레스트에서는 람케 장군의 군대에 압박을 가하는 데
가세했고, 흥분한 파리 시민의 환호와 키스 세례를 받았고, 제5기갑사단에 뒤이어 두 번째로
룩셈부르크에 입성했으며, 바스토뉴 남쪽에서 제4기갑사단과 함께 차가운 눈보라를
견뎠고(하지만 101공수사단을 자기가 구했다는 23부대원이 있으면 곧이듣지 말기 바란다),
제20군단과 함께 삭막한 자를란트를 배회했고, 라인 강 하류의 교두보 확보를 위해 날아가는
제17공수사단을 보며 감탄했다. 1개 파견대는 체코슬로바키아에서 불과 수 킬로 거리인
필비츠까지 진출하기도 했다.

이동이 잦았던 이 부대 소속 장병은 거의 전원이 6개국 언어로 축배를 들 줄 알고, 노르망디
해변에서 엘베 강에 이르기까지 유럽 전구에서 이루어진 작전의 이모저모를 박식하게 설명할
수 있다.

당연히 흥미진진한 순간들이 있었다. 이를테면 지난여름 1개 파견대가 로리앙 부근에 잘못
임시 배치되는가 하면, 12월 16일에는 23부대가 있는 룩셈부르크 바로 동쪽에서
제4보병사단 소속 조리병과 식사당번들이 독일군을 저지하는 사건도 있었고, 트리어의
난민들끼리 '저 나라 사람은 물은 물대로 빌려 가고 우리나라 여자를 꼬신다'며 난동을
부리기도 했다.

제23본부 특수부대는 보스턴, 뉴욕, 덴버, 피닉스, 칼라마주 같은 곳에서 한 달가량 달콤함을
맛본 뒤, 아마도 초푸, 우치노나리, 도니구스쿠, 후추, 하코네가사키 같은 동양의 시큼함을
줄줄이 맛보게 될 것이다. 이카가데스카! ['어떻습니까?'라는 뜻의 일본어 표현─옮긴이]]

1945년 6월 23일, 고스트 아미 대원들을 고향으로 데려다줄 수송함 O. H. 언스트 장군 호가 르아브르 항구에서 닻을 올렸다. "항해는 순조로웠고, 잠자리는 깨끗했고, 전망은 훌륭했다"고 부대의 공식 기록은 언급한다. 함선은 7월 2일 버지니아 주 노퍽에 도착했고, 장병들은 30일간 휴가를 받았다. 밥 톰킨스는 사흘 후인 7월 5일 아내와 재회했다. "두말하면 잔소리다!!!!!!!!" 그가 일기에 마지막으로 썼다. "내 인생에서 가장 근사한 순간이었다." 아서 실스톤 상병도 마찬가지였다. "전역한 날이 내 인생에서 최고로 행복했던 날이었다. 결혼한 날도, 첫째 아들이 태어난 날도 아니고, 전역한 바로 그날이었다."

휴가를 마친 장병들은 일본 침공을 준비하기 위해 다시 모였다. 그러나 8월 6일과 9일에 원자폭탄이 떨어지고, 이어서 8월 15일에 일본이 항복한 까닭에 침공은 불필요했다. 일본으로 향할 줄 알았던 부대원들은 갑자기 민간인 생활로 돌아가게 됐다. 병사들은 미군 전역점수 제도[다양한 기준에 따라 점수를 누적시켜 총 85점에 이르면 전역이 가능했다—옮긴이]에 따라 순서대로 전역했다.

전쟁이 마무리되면서 얼마 전 대위로 승급한 폭스가 공식 미군역사의 일부로서 고스트 아미에 관해 기록할 담당자로 선정됐다. 폭스는 자기가 이 일을 받게 된 이유는 순전히 자신이 남들 받는 훈장에 그럴듯한 표창의 글을 쓰고, 고향에 있는 약혼녀 해나 퍼트넘에게 편지를 너무 많이 써서라고 농담했다. 이유야 어쨌든 결과적으로 탄생한 문서는 아마 이제까지 쓰인 부대 역사 가운데 가장 재미난 것에 속할 것이다. 기록은 다음과 같이 마무리된다.

8월 30일, 육군 지상군은 9월 15일부로 23부대를 해산한다는 문서를 제8군에 전달했다. 타고 남은 재는 작은 명나라 단지에 담겨 중국해에 던져질 것이라 했다.

9월 10일, 23부대의 부관이 말하기를, 전역점수 87점인 본 역사기록 작성자가 전역을 못 하고 있는 유일한 이유는 이 책이 아직 안 끝나서란다. 그래서 이제 이야기를 마치고 내일부터는 자유인의 몸으로 돌아가고자 한다.

끝.

프레더릭 E. 폭스

— 제23본부 특수부대 공식 기록

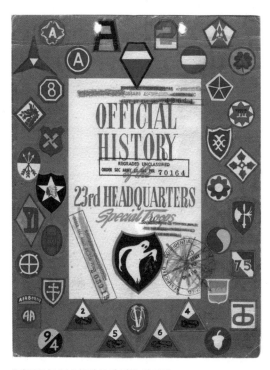

『제23본부 특수부대 공식 기록』의 표지.

갤러리: 실향민

603부대의 미술가들은 실향민의 얼굴에 드러난 개성과 고통에 깊은 인상을 받고 그들의 초상화를 그렸다. 빅터 다우드 병장은 하루에 수십 장씩 그렸다. "젊은 화가의 입장에서 정말 흥미로운 경험이었습니다. 어떤 이에게 앉으라고 하고 5분간 스케치를 했는데 순식간에 서너 명이 자기도 그려달라고 줄을 서는 겁니다. 이 실향민들을 그린 그림이 제가 그린 최고의 작품에 속합니다. 건방진 청년, 지쳐 보이는 노인, 수척한 여인, 전통 복장의 소녀 등을 담은 그림이었거든요. 그들은 인물화를 그리는 화가에게 훌륭하고 매혹적인 대상이었습니다."

난민들은 초상화 모델이 되는 일에 열심이었다. "우리는 그들에게 그림에 서명을 해달라고 했습니다." 네드 해리스 이병이 회고했다. "모든 것을 잃었기에, 초상화 모델이 되는 단순한 행위를 통해 자신들이 아직 살아 있음을 세상에 알리고 싶었던 겁니다. 그것이 그들에게 존엄성의 일부를 되돌려주었습니다."

'노인', 빅터 다우드, 1945.

274

Radu Maria
Stalino.

Vic Dowd
25 Apr. 45

1

2

3

1,2,3 빅터 다우드가 그린 난민 3인의 초상화, 1945.

1

2

1 '동지 45', 에드워드 보차, 1945.
2 '올가', 제임스 스테그, 1945.

277

'마리아', 네드 해리스, 1945.

나가며: 가상하고 영예롭다

독일군의 기록은 일부 기만작전이 완벽하게 성공했음을 보여준다.
23부대가 혼자서 전쟁을 승리로 이끈 것은 아니지만,
23부대가 없었으면 미군 측 사상자는 훨씬 더 많았을 것이다.
— 군역사학자 조너선 건

기만은 다른 모든 행동의 경우 혐오스럽지만, 전쟁에서만은
가상하고 영예롭다. 꾀로 적을 이기는 자는 힘으로 이기는
자만큼이나 칭송할 만하다.

— 니콜로 마키아벨리, 『로마사 논고』

제23본부 특수부대의 업적에 대한 최종적인 평가는 어땠을까?
유럽전승일 직후 제12집단군 특별작전기획부서의 빌리 해리스 대령과
랄프 잉거솔 소령, 그리고 그들과 함께 일한 웬트 엘드리지 대위는
작전의 득실을 평가한 기밀 보고서를 제출했다. 그들은 피어젠 작전을
모범적인 성공 사례로 평가했다. "이 작전 하나만 봐도 전투 중
기만전술의 실효성에 대한 충분한 증거가 된다." 하지만 이들은
전반적으로 고스트 아미가 잠재력을 충분히 발휘하지 못했다는
의견을 피력했다. "기만술로 적군의 정보 수집에 소소한 혼란을 주는
데는 성공했지만, 기회가 허비되는 경우도 허다했다." 다른 일부
전문가들도 고스트 아미의 성과는 미미했다며 부정적인 견해를
보였다.

　　그러나 23부대를 크게 칭찬하는 목소리도 적지 않았다. 종전 30년
후, 미 육군 애널리스트 마크 크론맨은 고스트 아미를 높이 평가하는
기밀 보고서를 작성했다. "그렇게 소수의 병사가 대규모 군사작전의
결과에 그처럼 큰 영향을 미친 경우는 지극히 드물다." 로이 에이콘 미
육군 제병합동본부 전 연구개발본부장은 이렇게 표현한다. "그들이
독일군을 매번 당황시켰을까? 아마 아닐 것이다. 독일군을 우리가
원하는 식으로 반응하게 만들었을까? 물론이다." 군역사학자 조너선
건은 이 부대가 수행한 기만작전이 전쟁에 중요한 영향을 끼쳤다고
확신한다. "독일군의 기록은 일부 기만작전이 완벽하게 성공했음을
보여준다. 23부대 혼자 전쟁을 승리로 이끈 것은 아니지만, 23부대가

WORCESTER DAILY TELEGRAM, THURSDAY, OCTOBER 4, 1945

CONGRESS MAY UP

GHOST ARMY FOOLS FOE IN NEATEST TRICK OF WAR

(This story which appeared in the Worcester Telegram of Wednesday, Aug. 29, is being reprinted because the demand for clippings from all parts of the country was so heavy the Telegram was unable to handle it.)

You have heard plenty, all through the war, about censorship. Possibly you have wondered just what type of newspaper story you could not get because of War Department regulations. Here is a story which was withheld from publication by the Telegram last month at request of the War Department. The story had been submitted by the Telegram to the Office of Censorship at Washington which admitted it to the War Department. The story tells a side of war which the civilian world knew nothing about — warfare of sound effects and impersonations, of a "stage" warfare which worked, and worked so well that, the European war being over, the U. S. Army intended to use it on the Japs. That is why it couldn't be told then. We didn't want the Japs to know about it. Now it can be told.

By HENRY J. BOYANOWSKI

This is the story of T-5 Sebastian S. Messina, 22 Plum street, and the "Ghost Army," probably the most unusual unit in this or any other war.

Only unit in the Army's history to earn a commendation for putting on an act — an act in which a poor performance meant death or imprisonment — the phantom 23rd Headquarters Special Troops bewildered the Germans from Normandy to the Rhine.

Messina's group fought the Nazis with cold nerve, aided by dummies and sound effects, and was being groomed to repeat its work in the Pacific when the war ended.

"Our job was fooling the Germans," Messina explained, "who, as everybody knows, are not exactly dopes when it comes to making war. We needed plenty of luck to fool all of the Germans all of the time, besides putting on a good show, and nobody is more highly pleased than we are that it held out.

Always Fooled Enemy

"Practically every big operation in Europe from our side was made easier by good old American four-flushing. The Germans after a while were tearing their hair out trying to determine which part of a campaign was real and which was fake. They never caught on to us, never found out we existed, because we were always somebody else.

"Sounds confusing, doesn't it?" he grinned. "And it sure confused the poor Germans. But it's really simple. Suppose the Umpteenth Division is holding a certain sector. Well, we move in, secretly of course, and they move out."

"We then faithfully ape the umpteenth in everything the Germans were accustomed to seeing them do and have — assume their identity totally. Then the Umpteenth, which the Boches think is in front of them, is suddenly kicking them in the pants ten miles in their rear. The old football 'Statue of Liberty' play, with variations.

It was not as simple as that, however. Behind each "performance" of the "Ghost Army" lay weeks of careful study and preparation. The habits of the men in the replaced division had

'GHOST' GI

T-5 Sebastian S. Messina, 22 Plum street, Worcester member of the "Ghost Army," which repeatedly fooled Germans in Europe, was all set to repeat in Japan when the war ended.

months of training in this country, training so secret that T-5 Messina, who went into the Army Nov. 4, 1943, and other men of the unit were not allowed any furloughs before going across. Messina went overseas May 2, 1944, and one of the highlights of his return recently was his first look at his son, Sebastian, Jr.—now almost 2.

"He doesn't know who I am either," said the corporal wryly, "at the same time, they had to know I can't convince him it's his old man and not somebody imitating him."

His unit, a battalion composed of Signal, Combat and Camouflage Engineers, was also schooled in the art of faking equipment of all kinds. To replace those gone with a replaced division it brought in its own trucks, tanks and jeeps.

"One big drawback," Messina continued, "was that the guns, the tanks and jeeps were only

short period. Brother, we really acted then."

Every trick of American ingenuity was used to complete the deception. To further convince the undoubtedly watching and

man worked overtime. The sector periodically echoed and re-echoed with the road and clank of 100 tanks maneuvering in the roads. Long columns of trucks would be heard grinding in and out of holes up hill and down. Nobody, including the Germans, ever saw the tank or truck columns moving. Except for its transport trucks the battalion had no rolling stock.

"It's just normal association," Messina laughed. "The Germans naturally expected tanks and trucks to be moving out in front of them in the dark and the recordings were only the clincher. It was all co-ordinated. Orders, which the Nazis were expected to intercept, would be radioed or signaled for tanks to move here and there. Shortly afterward, clank, clank, roar, backfire, there went the tanks—but proud and fiery only.

"We'd keep up the division's routine just so long as it took them to complete the operation they were working on. When they hit where they were supposed to the Germans would be thrown into some terrible confusion.

"By the time an enemy concentration realized that something was wrong somewhere, with a Yankee division or two apparently in two places at one and the same time, they had to have erased or get blasted to bits. Then we'd get pulled out, go to an assembly area and start studying another job of never giving the suckers an even break."

Catch Up Fast

Landing in Normandy on D-Day plus 3, Messina's detachment was a little behind other elements of the special troops which landed earlier but lost no time in catching up. The battalion now bears the reputation

DE GAULLE SI

Gen. Charles de Gaulle (left) a pilots' seats of a C-54 plane after it at Orly airfield, outside Paris. (AP V

few times but the Nazis never carried through to run over us, as they easily could have. A couple of times we thought they'd caught on when they plastered us with 88's. Expecting an attack, infantry was hurriedly rushed up to take our places but the attacks never materialized.

"One narrow one was last Dec. 16 in the von Rundstedt breakthrough, when the cooks and K. P.'s of the Fourth Infantry held the Germans just east of us, and we thought we were due any minute. Another time, in Saarlautern, they rolled us up to the center of the city to make us look like the 80th Division, which went around the end again and left us pretending we were the big, tough 80th.

Clinch-Bluff

"There was heavy fighting going on with the Germans trying to hold the city, and our column of trucks had to push right in to clinch the bluff. They had an 88 zeroed on an intersection. My best friend was in the first truck to stop one of the shells, a Pennsylvania boy . . ."

The Rhine crossing, Messina said, went off without a hitch. With the battalion spread thinly over area supposed to be occupied by the 30th and 76th Divisions near a small German town, the original divisions effected a crossing by hitting the river miles off to one side of the village with a cost of only 30 casualties.

1945년 8월 『우스터 데일리 텔레그램』에 실린 고스트 아미 관련 기사가 대단한 반응을 얻자 신문사는 같은 해 10월에 같은 기사를 또 한 차례 내보냈다.

없었으면 미군 측 사상자는 훨씬 더 많았을 것이다."

생존해 있는 23부대 출신 참전군인들도 나름대로 결론을 내렸다. "우리가 생명을 살렸다는 것을 압니다. 몇 명이나 살렸는지는 모르지만, 살렸다는 사실은 압니다." 존 자비가 말했다. "우리가 수행한 작전이 1만 5,000 내지 3만 명의 목숨을 구했다고 하더군요." 스파이크 베리가 군 보고서에 수록된 수치를 인용해 말했다. "하지만 그게 설사 15~30명뿐이었다 해도 그럴 만한 가치가 있었습니다." 고스트 아미에 복무한 전원이 자신들의 노력에 의미가 있었다고 확신한 것은 아니었다. 예컨대 잭 메이시 상병은 고스트 아미의 기만작전에 대체 누가 속아주기나 했는지 오랜 세월 의심을 품었다. 그럼에도 다들 스탠리 낸스의 아래와 같은 기분에는 공감했다.

> 내가 전송한 그 모든 통신 메시지 가운데 적어도 하나는 미국이 승리하는 쪽으로 전세를 전환시키는 데 기여하지 않았을까? 적어도 어머니 한 명, 젊은 아내 한 명은 [전사자 유족에게 수여하는] 금성장(Gold Star flag)을 창문에 거는 고통을 면할 수 있지 않았을까? 바로 그게 제23본부 특수부대의 존재 의의였다.

1945년 여름, 통신 특수중대 소속 28세의 서배스천 메시나 상병은 몇 주 휴가를 받아 고향 매사추세츠 주 우스터에 갔다. 거기서 그는 지역 신문 『우스터 데일리 텔레그램』 기자와 만나 독특한 복무 경험에 관해 인터뷰했다. 기자는 기사를 작성한 뒤 규정에 따라 전쟁부의 검열을 받기 위해 제출했다. 검열관들은 신문사에 기사를 내보내지 말라고 요청했다. 그러나 히로히토가 항복한 지 2주가 지난 시점이라 신문사는 보도할 자유가 있다고 판단했다.

메시나가 밝힌 이야기는 고스트 아미에 관해 공개된 최초의 내용이었다. 1945년 8월 29일 제1면에 등장한 기사는 놀랍도록 상세하고 극적인 이야기로 가득했다. 표제는 "고스트 아미가 교묘한

FIRST CONGREGATIONAL CHURCH

WAUSEON, OHIO

Frederic Fox, Minister

WAR DEPT

SIRS:

Can the story of the 23d Hq Sp Troops be released to the general
public? During the war it had a Top Secret classification.

I was the unit historian for the 23d and would like to write a
short article about it for the N.Y. Times.

Sincerely,

FREDERICK FOX

Capt. Sig. O (Ret) O-1634769

TELEPHONE OR VERBAL CONVERSATION RECORD	DATE
(AR 340-15)	17 Feb 67

SUBJECT OF CONVERSATION: History and Records of Hq, 23d Special Troops of WW II

INCOMING CALL

PERSON CALLING: Mr. Wm. J. Donohoe
ADDRESS: OPI, OCPubInf
PHONE NUMBER AND EXTENSION: 76732

PERSON CALLED: Dr. S. Conn
OFFICE: OCMH

OUTGOING CALL

PERSON CALLING: Mrs. M. Stubbs
OFFICE: OCMH

PERSON CALLED: Mr. Wm. J. Donohoe

SUMMARY OF CONVERSATION:

Mr. Ailes (former Secy of Army) has had a request from a Mr. Frederick E. Fox at 28 Van Deventer Ave, Princeton, N.J. (Mr. Fox is presently Recording Secy, Princeton Univ. He was formerly unit historian of subject unit) for a history of the Hq, 23d Special Troops.

Mr. Donohoe was informed that the History (July 44 thru May 45) & other records relating to the unit are still classified, but the holding agency, NARS at Alex, Va. will make them available for official research.

Mr. Donohoe said he would call NARS.

DA FORM 751 1 APR 66   REPLACES EDITION OF 1 FEB 58 WHICH WILL BE USED.

각각 1949년과 1967년 고스트 아미 관련 정보의 기밀해제를 요청했던 프레드 폭스의 요청서.
미 육군에 기록이 보관되어 있다.

282

술책으로 적을 속이다"였다. 이 기사에 직접 인용된 메시나는 유머 있고, 정연하고, 자신과 전우들이 수행한 임무를 자랑스러워한다는 인상을 독자들에게 남겼다. "단 한 번의 실수로 목숨이 달아날 수 있었습니다." 그가 기자에게 말했다. "그들은 우리의 정체를 알아내지 못했고, 우리가 존재하는지조차 몰랐습니다. 우리가 항상 다른 부대를 연기했기 때문입니다." 스파이크 베리는 그날 친지를 방문하느라 우연히 우스터에 있었는데 그 기사를 보고 깜짝 놀랐다. "그렇게 비밀 유지에 애썼는데 『우스터 데일리 텔레그램』 1면에 나오다니!" 다른 언론매체도 이 기삿감을 포착했다. 1945년 10월에서 1946년 2월 사이 『뉴욕타임스』『뉴스위크』 등 여러 매체에서 기사로 다뤄졌다.

일부 참전군인들은 메시나를 "동네에서 영웅이 되려고 안달이 나서" 너무 빨리 부대의 "정체를 세상에 노출했다"고 비난했다. 하지만 군사기밀 문제는 단순치 않다. 군 당국은 고스트 아미에 관한 무성한 뒷이야기들을 군사기밀 누설이라고 규정했을까? 당국은 그런 식의 언급을 한 적이 없다. 물론 그랬으면 오히려 괜한 관심을 불러일으켰을 것이다.

전쟁 중에는 당연히 기밀 유지가 대단히 중요했다. "제가 기억하기로 기밀 유지의 중요성에 대해 잔소리를 듣지 않은 날이 없었습니다." 스탠리 낸스가 말했다. "비밀 유지를 얼마나 잘하느냐에 우리 생명이 달려 있다고 맨날 귀가 아프게 반복했지요." 하지만 전쟁이 끝난 뒤에도 비밀을 지킬 필요가 있었을까? 일부 병사들 — 특히 장교들과 통신지원 특수중대원들 — 은 입단속을 다짐받았다. "아내든 누구든 우리가 했던 일을 입 밖에 내지 말라는 명령을 받았습니다." 앨 앨브렛 상병이 말했다. "완전히 비밀이었습니다." 그저 기밀 유지 명령이 여전히 유효하겠거니 하고 상정한 병사들도 있었다. 그런가 하면 잭 메이시 같은 또 다른 일부 병사들은 전후에도 비밀을 유지하라는 지시를 전혀 듣지 못했다고 말한다. 흥미로운 것은 기밀 유지 의무가 없다고 생각한 병사들조차 자신의 참전 경험담을 늘어놓는 일을 별로 즐기지 않았다는 점이다. 쑥스럽다는 것이

프랑스는 제2차 세계대전 중 고스트 아미가 프랑스에 기여한 공적을 인정하여 2013년 9월 뉴올리언스 소재 '국립 제2차 세계대전 박물관'에서 루이지애나 주 슬리델 출신의 고스트 아미 대원 A. B. 윌슨에게 프랑스 최고 훈장인 '레지옹 도뇌르'를 수여했다.

이유였다. "너무 코믹하게 들려서 이야기하는 게 늘 꺼려지더군요." 버니 메이슨이 말했다.

병사 개개인의 판단이나 그들이 뉴스매체에 털어놓은 내용과 무관하게, 미국 국방부는 이후 40년간 고스트 아미의 구체적인 사항을 비밀로 하기 위해 상당한 노력을 기울였다. 프레드 폭스는 그 상황을 가장 먼저 겪은 사람에 속했다. 1949년 폭스는 오하이오 주 오선 소재 제일회중교회 목사로 재직 중이었다. 더 넓은 독자층을 대상으로 글을 쓰고 싶었던 그는 군 당국에 연락해 최고군사기밀로 분류되어 있던 고스트 아미 이야기를 이제 공개해도 될지 문의했다. 그는 "자료 대부분이 아직도 기밀사항"이라는 통보를 받았다. 그래서 폭스는 다른 글감으로 눈을 돌려 "목사 기자"로서 『뉴욕타임스 매거진』과 기타 인쇄 매체에 왕성하게 기고했다. 그는 벌지 전투 10주년을 기념하는 기고문을 작성하면서, 너무 상세한 내용은 밝히지 않은 채 자기가 복무했던 부대의 기만전술을 살며시 언급했다. 기고가 활동을 계기로

드와이트 D. 아이젠하워 대통령 밑에서 백악관 보좌관 일도 수행했다.

1967년에 폭스는—자신이 저술한—23부대 공식 기록을
기밀해제 문서로 돌리려고 다시 한 번 시도했다. 이즈음 폭스는
프린스턴 대학교 기록담당관으로 재직하고 있었고 수년간의 백악관
경험을 통해 정치에 밝은 인물이 되어 있었다. 그는 전년도에 모교
이사회 위원으로 선임된 프린스턴 대학교 1933년도 졸업생 스티븐
에일스 전 육군성 장관의 힘을 빌렸다. 그러나 에일스조차 어찌해볼
도리가 없었다. 군 당국은 현재 국립문서기록관리청에 소장된 관련
기록들은 여전히 기밀사항이며 "공식 연구조사"에 한해서만 열람이
가능하다고 못 박았다. 폭스는 결국 평생 고스트 아미에 관한 저서가
출간되는 모습을 보지 못했고, 소망은 사후에야 이루어졌다.

군역사학자 조너선 건은 냉전으로 긴장이 급격히 고조됨에 따라
국방부가 고스트 아미 이야기의 노출을 막았던 것으로 본다. "독일을
상대로 성공했던 작전을 소련에 떠벌리고 싶지 않았던 것이다.
왜냐하면 소련이 여기에 대비할 테고, 그러면 기만작전이 무력화되기
때문이다."

냉전의 긴장이 슬슬 찾아들기 시작하던 1984년 말, 아서 실스톤은
잡지 『스미스소니언』의 편집자 겸 아트디렉터와 점심을 먹다가 제2차
세계대전 얘기를 꺼냈다. 모두들 실스톤이 들려준 고스트 아미
이야기에 매료됐다. 그날 그 점심시간의 대화는 에드워즈 파크 기자에
의해 기사화되어 1985년 『스미스소니언』에 실렸다. 삽화는 실스톤이
맡았다.

로이 에이콘에 따르면, 미군은 한때 23부대 공식 기록을 기밀문서
목록에서 해제했다가 금방 다시 기밀문서로 재분류했다고 한다.
그러나 1990년대가 되면서 기록은 완전히 공개됐다.

오늘날 고스트 아미 대원들은 자신들이 이뤄냈던 성취에 관해
대중의 큰 관심과 인정을 받고 있다. 부대에 관한 기사가 전 세계의
신문과 잡지에 실렸다. 미군은 제2차 세계대전에 참전했던
기만전술가들에게 새삼 관심을 갖고 신세대 육군 장교들을 위한

"Ve Vi la AmerREEK !"
FRANCE '44

This is the
Company P
fight during
the second
world war.

기만전술 교육에 고스트 아미의 경험담을 활용하기 시작했다. 가장 다행인 일은 아직 많은 수의 참전군인들이 생존해 있을 때 이 모든 일이 일어나, 진즉에 받아 마땅한 갈채를 받고 있다는 사실이다.

제23본부 특수부대는 미국 육군의 역사상 유일무이한 이동식 멀티미디어 기만전술부대였으며 아마 세계 전쟁사에 비추어 봐도 그러할 것이다. 대원들은 중무장한 적을 상대로 자신을 방어할 수단도 거의 갖추지 못한 채 특별한 용기로 작전에 임했다. 그들은 전장을 누비며 남에게 말 못할 비밀 임무를 수행했고, 전우의 목숨을 구하기 위해 창의력, 상상력, 변칙적인 사고능력을 발휘했다. 그런 그들의 노력을 "가상하고 영예롭다"고 칭하고 제2차 세계대전 승리에 이바지한 그들의 역할을 기리는 것은 지당한 일이다.

일부 부대원들의 간단한 전후 이력

앨 앨브렛 위스콘신 주 밀워키에 정착해 이동식 주택, 지붕공사 등
다양한 업종에서 세일스맨으로 일했다. 2010년 86세로 타계.

윌리엄 앤더슨 전기공학으로 학위를 받은 뒤 몇몇 기업에서 군사장비
부속품의 비밀 설계를 담당했다. 은퇴 후 오하이오 주 클리블랜드
교외에 살고 있다.

월터 아넷 1945년 켄터키 주 루이빌에서 발행되는 일간지 『쿠리어
저널』 전속 아트 담당자로 고용되어 거기서 1977년 퇴직할 때까지
근무했다. 1998년 86세로 타계.

1946년 6월 603부대 출신 퇴역군인들은 뉴욕에서 열린 룩셈부르크 전쟁고아들을 위한 펀드레이징
행사에 참여했다. 참전용사 존 J. 라일리(오른쪽)와 토니 치프리아노(가운데)는 룩셈부르크
정보담당관 안드레 볼프(왼쪽)에게 자신들이 제작한 포스터를 증정했다. 그해 말, 고스트 아미 출신
미술가들의 작품은 룩셈부르크에서 개최된 전쟁고아 지원캠페인 행사에 전시됐다.

스파이크 베리 노스다코타, 사우스다코타, 캘리포니아, 하와이 등지의
라디오 방송국에서 일하다 네바다 주 라스베이거스에 여행사를
차렸다. 2014년 88세로 타계.

에드 비오 광고업에서 성공적으로 경력을 쌓았다. 오리건 주
포틀랜드에서 살고 있다.

빌 블라스 패션 업계에서 슈퍼스타가 됐다. 1970년 자신이 디자이너로
근무하던 회사를 매입해 '빌 블라스 유한책임회사'로 사명을 개칭하고,
참전 당시 수첩에 도안했던 알파벳 B가 서로 등을 댄 듯한 미러
이미지를 상표 로고로 채택했다. 그가 디자인한 의상은
캐주얼하면서도 우아하다는 평을 받아 낸시 레이건 여사나 뉴욕
사교계의 명사 브룩 애스터 등이 애용했다. 블라스 상표는 미국에서
누구나 아는 유명 브랜드가 되었고, 나중에는 자동차에서 초콜릿에
이르기까지 다양한 상품에 그의 상표가 붙었다. 블라스 자신도 뉴욕

빌 블라스.

1967년 캐나다 몬트리올 엑스포 미국관
안내원 유니폼을 빌 블라스가 디자인했다.

사교계의 주요 명사가 됐으며, 재기 넘치는 입담과 흠잡을 데 없는 옷차림으로 유명했다.

1945년 그는 고스트 아미 전우 잭 메이시의 취직을 도왔다. 1967년 캐나다 몬트리올 엑스포 미국관 디자인 책임자가 된 잭 메이시는 미국관 안내원들이 착용할 유니폼 디자인을 블라스에게 맡겼다. 블라스는 1976년 미국을 방문한 영국 여왕 엘리자베스 2세를 위한 백악관 저녁 만찬에 참석했는데, 이날 제럴드 포드 대통령이 여왕에게 블라스를 "패션의 왕"이라고 소개한 바 있다. 2002년 79세로 타계했다.

에드워드 보차 표현주의 화가 겸 시인이 되었고, 미주리 주 세인트루이스 소재 워싱턴 대학교에서 미술 교수로 재직했다. 2012년 91세로 타계.

밥 보야잔 '파이어스톤 타이어 앤 러버' 회사 전속 아트 담당자로 일한 뒤, 광고대행사 크리에이티브 디렉터 겸 사진가로 활동했다. 2012년 89세로 타계.

밥 콘래드 뉴욕 시에서 60년 이상 변호사 생활을 했다. 2010년 90세로 타계.

벨리사리오 콘트레라스 미국 국무부 전속 아트 담당자로 20년간 근무했다. 1967년 워싱턴 DC 소재 아메리칸 대학교에서 역사학 박사학위를 취득했으며 1983년에 저서 『뉴딜 시대 미술의 전통과 혁신』(Tradition and Innovation in New Deal Art)을 출간했다. 1990년 73세로 타계.

해럴드 달 조각가 울릭 엘러후젠에게서 사사했다. 미술감정가가 되어 뉴욕시 소재 '에퀴터블 감정회사'의 주인이 됐다. 1972년 58세에 사망했다.

'캡틴 미드나잇'. 빅터 다우드가
일러스트 작업한 만화책 주인공
영웅 가운데 하나.

빅터 다우드 전후에 미술가로서
다양한 경력을 쌓았다. 광고 도안과
도서 20여 권의 일러스트를
담당했으며 패션 일러스트레이터로
15년간 일했다. 2010년 89세로 타계.

해럴드 플린 벨 전화회사에서
근무하다 아내 루선이 물려받은
고향 농장을 운영하기 위해
일리노이 주 매콘에 정착해 가정을
꾸리고 지금까지 살고 있다.

프레드 폭스 목사로 활동하며 부업으로 글을 써 『뉴욕타임스』에
10여 차례 기고했다. 그의 기고문이 백악관의 눈에 띄어 아이젠하워
대통령 보좌관이 됐다. 이후 모교 프린스턴 대학교에서
기록담당관으로 재직하며 "프린스턴의 사수자"를 자처했다. 1981년
63세로 별세.

바넷 그린버그 전후에 미국 우정청에서 근무하며 포스터, 표지, 우표
등을 디자인했다. 평생 그림을 그렸으며, 자신의 작품은 지역공동체와
종교단체 지원을 위해 무료 기부했다. 2007년 92세로 타계.

존 햅굿 『뉴요커』『아메리카』 등의 일러스트 작업을 했고
블루밍데일스 백화점 광고 도안도 맡았다. 매년 여름 로드아일랜드 주
블록 아일랜드에서 그림을 그렸다. 1995년 90세로 타계.

빌리 해리스 몇 년간 군사 기만작전 관련 일을 하다 제7기병연대
지휘관으로 한국전쟁에 참전했으며 소장으로 퇴역했다. 1986년 75세로
타계.

네드 해리스 사진가 겸 디자이너가 됐다. 1974년 저서 『형식과 결: 사진 포트폴리오』(Form and Texture: A Photographic Portfolio)를 펴냈다. 뉴욕 주 로클랜드 카운티의 예술가 공동체에서 지금도 활발히 활동 중이다.

클리오 호블 미니애폴리스에 있는 한 광고대행사에서 아트디렉터로 근무하면서 미국 중서부 지역 맥주 애호가들 사이에 유명한 '햄스'(Hamm's) 맥주의 마스코트 곰을 디자인했다. 나중에는 전설적인 광고맨 리오 버넷과 일하기도 했다. 1970년 48세로 타계.

랄프 잉거솔 정치적 논란과 광고 수익 감소로 자신의 아끼던 신문사 『PM』의 문을 닫았다. 책 여러 권을 저술했고, 소규모 신문 체인의 주인이 되었다. 1985년 84세로 별세.

존 자비 패션 잡지 『위민스 웨어 데일리』(Women's Wear Daily)를 소유하는 페어차일드 출판사에서 아트디렉터로 30년 근무하며 전속 아티스트와 작가를 관리했다. 2015년 현재 퇴직하여 뉴저지 주 커니에 살고 있다.

아트 케인.

아트 케인 패션계와 음악계에서 비전 있는 사진작가로 성공했다. 할렘 건물 층계에서 포즈를 취한 재즈뮤지션 57인을 담은 유명한 사진 '할렘 1985'를 촬영한 장본인이다. 지금도 이 작품은 재즈의 아이콘이다. 1960년대에 롤링스톤, 더 도어스, 밥 딜런, 재니스 조플린 같은 아티스트들의 매력적인 인물사진을 촬영했다. 뮤지션, 정치인, 여성 유명인 등의 모습을 담은 그의 사진은

『라이프』『룩』『보그』『하퍼스 바자』 등 수많은 잡지에 실렸다.
미국잡지사진가협회는 1985년 케인에게 평생공로상을 수여했다.
1995년 69세로 세상을 떠났다.

엘즈워스 켈리 미국에서 가장 중요한 20세기 미술가 중 일인이 되었다.
1948년 다시 방문한 프랑스에서 그의 작품은 구상미술을 벗어나
형태와 색으로 표현하는 추상미술로 변화했다. 1954년 뉴욕으로
돌아와 곧 국제적인 명성을 얻었다. 캔버스 자체를 다양한 형태로
잘라내 색을 칠한 작품을 비롯해, 그가 제작한 회화, 조형물, 판화 등이
전 세계 주요 미술관에서 전시됐다.

1973년 뉴욕 현대미술관(MoMA)에서 첫 회고전이 열린 이래,
1982년 휘트니 미술관에서 켈리의 조형물 회고전이, 1996년 구겐하임
미술관에서는 그의 경력 전체를 조명하는 회고전이 개최됐다. 워싱턴
DC 홀로코스트 기념박물관에 영구 전시될 공공 조형물 '메모리얼'을
제작했다.

2013년 버락 오바마 대통령은 켈리에게 국가예술훈장을 수여했다.
표창장에는 이렇게 적혀 있다. "켈리는 형태, 색, 자연계의 주의 깊은
관찰자로서 반세기 넘게 추상미술계에 중요한 영향을 끼쳤으며 지금도
미국 예술계에 지대한 영향력을 발휘하고 있다."

뉴욕 주 스펜서타운에서 활동하다 2015년 12월 92세로 타계.

해럴드 레이너 펜실베이니아 주 밀러스빌 대학 미대 교수로 재직했다.
수많은 갤러리와 미술관에서 그의 작품이 전시됐다. 1992년 70세로
타계.

조지프 맥 뉴욕 시에서 판촉업체를 운영했다. 1970년에 퇴직하여 아내
진과 함께 뉴욕 주 그린론에 헌팅턴 미술학교를 설립했다. 2007년
86세로 타계.

조지 마틴 참전하기 전에 근무하던 음악전문 출판사 셔머 뮤직
(Schirmer Music)으로 돌아가 책 표지, 레코드 재킷, 아동용 도서, 악보
표지의 일러스트 작업을 했다. 지금은 은퇴해 워싱턴 DC 교외에 산다.

잭 메이시 미국 해외공보처의 각종 국제 홍보전시회 디자인을
담당했다. 1959년 모스크바에서 열려 주목받은 미국 국립박람회의
디자인 감독을 맡았다. 이 박람회에서 미국식 주택 모델을 구경하던
소련 공산당 서기장 니키타 흐루쇼프가 미국 부통령 리처드 닉슨과
이른바 '부엌 논쟁'을 벌인 바 있다.
　메이시는 1967년 캐나다 몬트리올 엑스포 미국관 디자인
책임자로서 고스트 아미 전우 여러 명을 참여시켰다. 빌 블라스에게
안내원용 유니폼 디자인을 부탁했고, 전시물로 엘즈워스 켈리의

1,3 1967년 캐나다 몬트리올 엑스포 미국관.
2 1967년 몬트리올 엑스포 미국관을 획기적으로 디자인한 팀원들. 왼쪽부터 벅민스터 풀러, 잭
　메이시, 테리 랜킨, 피터 플로이드.

작품과 아트 케인의 영화를 의뢰했다.

    1979년 '메타폼'이라는 기업을 설립했다. 엘리스 아일랜드 이민 박물관(대통령 디자인상 수상)과 뉴올리언스의 국립 제2차 세계대전 박물관도 그의 작품이다.

    현재 뉴욕 시에서 활동하고 있다.

버니 메이슨 광고대행사에서 크리에이티브 디렉터로 27년간 근무한 후 직접 예술 관련 사업을 시작했다. 75세에 다시 학교로 돌아가 빌라노바 대학교에서 학사학위를 받았다. 펜실베이니아 주 필라델피아 교외에 거주한다.

어빙 마이어 '데이비 크로켓' 전술핵무기 설계에 참여했다. 전투 중에 사용할 수 있도록 초소형 시스템으로 제작됐다. 존 F. 케네디 대통령이 "미국 국방에 이바지"한 그의 공로를 치하하기도했다. 1959년 35세로 타계.

1962년 에드워드 케네디와 함께 촬영한 잭 맥글린과 아내 헬렌.

잭 맥글린 매사추세츠 주 하원 의원으로 16년, 자신이 거주하는 메드퍼드 시의 시장으로 10년간 재직하는 등 오랜 공직 생활을 했다. 그의 아들 마이클 맥글린도 31대 메드퍼드 시장을 역임했다.

스탠리 낸스 보험, 부동산, 금융계에서 일하다 석유채굴업체를 차렸다. 은퇴한 후에는 타히티 섬으로 선교 여행을 떠났다. 현재 유타 주 솔트레이크시티 교외에 살고 있다.

힐튼 하웰 레일리 1945년 훈공장을 받았다. 전후 전역하여 메인 주에 정착했다. 1975년 79세로 타계.

조지 렙 로즈 장학생으로 영국 옥스퍼드 대학교에서 공부하면서
옥스퍼드 대학 농구 클럽 설립에 기여했다. 육군장교로서 직업군인
생활을 하다가 소장 계급으로 퇴역하고 현재 워싱턴 DC 교외에 산다.

해리 L. 리더 전쟁이 종료되기 직전 제23본부 특수부대 지휘관 직에서
물러났다. 1947년 56세로 타계.

윌리엄 세일스 아서 실스톤과 함께 수년간
디자인 스튜디오를 공유했다. 수많은 책의
일러스트를 맡았고, 아내 셜리와 함께 펴낸
수공예 안내서 '스텝 바이 스텝' 시리즈가
베스트셀러가 됐다. 뉴욕 주 로클랜드
카운티에 살고 있다.

'모든 생명체', 윌리엄 세일스, 1955.

오스카 실 형제 닐과 함께 미국 남서부 지역
철물장비 제조업자들을 위한 생산자
판매대행업체를 설립해 40년간 운영했다.
2001년 84세로 타계.

폴 세클 화가 겸 미술 교사가 되었다. 유명한
작곡가이자 피아니스트 루스 쉔탈과
결혼했다. 아들 앨 세클은 국제적으로 유명한
착시현상의 권위자다. 2013년 95세로 타계.

길 셀처 75년 넘게 건축가로 일했다. 미국
육군사관학교 웨스트포인트를 비롯해
수많은 대학 건물을 설계했다. 지금도 뉴저지

전쟁 당시 길 셀처의 모습.

주 웨스트오렌지에서 건축가로 활발히 활동 중이다.

앨빈 쇼 메릴랜드 주에 있는 고향 아나폴리스로 돌아가 참전하기 전부터 했던 간판 디자인을 다시 시작했다. 2005년 96세로 타계.

아서 실스톤 30종 이상의 잡지에 일러스트 작업을 했고 도서 수십 종의 표지를 디자인했다. 미국 항공우주국(NASA) 전속 아트 담당자로도 활약했다. 지금도 코네티컷 주 웨스트레딩에 있는 스튜디오에서 그림을 그리고 있다.

클리퍼드 시멘슨 제2차 세계대전 중에 보병대 지휘를 희망했던 그는 한국전쟁에서 제14보병연대 지휘를 맡아 소원을 이뤘다. 이후 독일 주재 미국대사관에서 무관으로 재직했다. 2004년 94세로 타계.

아서 싱어 미국에서 가장 잘 알려진 야생동물 전문 화가다. 『아메리칸 홈』『스포츠 일러스트레이티드』 등의 잡지와 『월드북 백과사전』에 야생동물 일러스트 작업을 하면서 유명해졌다. 굉장한 인기를 끌었던 『세계의 조류』『북미의 조류』를 비롯해 20종이 넘는 도서의 일러스트를 맡았다. 미국 전역과 아프리카, 중동, 유럽, 남미를

아서 싱어.

'안개 속의 큰아비', 아서 싱어, 1980.

일부 부대원들의 간단한 전후 이력

고스트 아미

여행하며 낯선 종과 그것들의 자연 서식지를 관찰했다.

1982년 아들 앨런 싱어와 함께 "미국 50개 주의 조류와 꽃"이라는 우표 시리즈를 선보였다. 이 특별판 우표는 미국 우정청 역사상 최고의 판매기록을 세웠다. 1990년 72세로 타계했다.

조 스펜스 미술교육 분야에서 탁월한 경력을 쌓았으며 노스캐롤라이나 대학교 창작예술학과 학과장을 지낸 뒤 퇴직했다. 2011년 87세로 타계.

제임스 스테그 뉴컴-툴레인 대학교 미대 교수로 재직했으며 판화와 조형물 작가로 유명했다. 그의 작품은 60곳 이상의 미술관에 영구 소장되어 있다. 2001년 78세로 타계.

어빙 스템플 뉴욕 시에서 광고업에 종사했다. 은퇴해 플로리다 주 보카레이턴에서 살다가 2010년 90세로 사망했다.

딕 시러큐스 건축업과 부동산개발업에 종사했다. 형제들과 함께 회사를 설립해 뉴욕과 뉴저지 주 일대에 수백 채의 주택과 고층아파트를 건설했다. 2013년 91세로 타계.

조지 밴더 슬뤼스.

밥 톰킨스 광고대행사의 아트디렉터 겸 디자인 컨설턴트가 되었다. 빌 블라스와 평생 친구로 지냈다. 2011년 88세로 타계.

조지 밴더 슬뤼스 시러큐스 대학교 미대 교수로 35년간 재직했다. 1960년대에 뉴욕 주 북부에서 농가 헛간을 보존하는 운동의 일환으로 헛간 외벽에 그림을 그리기 시작했다. 1984년 69세로 타계.

존 워커 미국 육군에서 30년 복무했다. 고위 장교로서 한국전쟁과
베트남전쟁에 참전한 뒤 대령 계급으로 퇴역했다. 2010년 90세로 타계.

키스 윌리엄스 촉망받던 미술가로서의 인생은 1951년 46세에
사망하면서 짧게 끝났다. 그의 에칭과 회화 작품은 미국의회도서관과
뉴욕역사협회 등에 소장되어 있다.

스탠리 M. 라이트 버몬트 주 북부를 대표하는 인상파 화가로서,
그리고 같은 주 스토 소재 라이트 미술학교 설립자로서 (본인의 표현을
빌리면) "멋진 모험" 인생을 살았다. 1996년 84세로 타계.

토니 영 시카고 천연가스 공급업체 '피플스 가스'에서 44년간 근무한
후 광고부장으로 퇴직했다. 독학으로 계속 미술을 공부했다. 2009년
87세로 타계.

이 책에 등장하지는 않아도 주목할 만한 경력을 다진 고스트 아미
출신 예술가들이 여럿이다. 조지 디첼과 오티스 릭스는 브로드웨이와
할리우드에서 세트 디자인을 했다. 에디 하스는 1960년대에 방영됐던
TV쇼 「더 먼스터스」(The Munsters)의 공동 제작자였다. 조지
나디엘로는 패션디자이너가 되어 마릴린 먼로의 드레스를 디자인했다.
버드 비어는 덴틴 껌과 치클릿 껌 포장지를 디자인했다. 건축가 제임스
잭슨은 시애틀의 명소 '스페이스 니들' 설계팀에 참여했다. 그 외에도
많다.

고스트 아미 대원 3인은 집에 돌아오지 못했다. 토머스 웰스 대위,
조지 페들 병장, 체스터 펠리초니 상병은 전사했다.

감사의 말

경험담과 미술작품을 흔쾌히 공유해 이 스토리텔링을 가능하게 해준
고스트 아미 출신 참전군인 전원에게 깊이 감사드린다:

앨 앨브렛, 빌 앤더슨, 월터 아넷, A. G. "스파이크" 베리, 버드 비어,
에드 비오, 빌 블라스, 에드워드 보차, 존 보더스, 밥 보야잔, 밥 콘래드,
벨리사리오 콘트레라스, 모데카이 리스 크레이그, 해럴드 달, 빅터
다우드, 해럴드 플린, 프레드 폭스, 바넷 그린버그, 존 햅굿, 네드 해리스,
클리오 호블, 존 자비, 아트 케인, 엘즈워스 켈리, 존 케네디, 해럴드
레이너, 닉 리오, 조지프 맥, 조지 마틴, 잭 메이시, 버니 메이슨, 어빙
마이어, 잭 맥글린, 리처드 모턴, 스탠리 낸스, 가조 네멧, 세이모어
누스봄, 메리언 패스터치치, 조지 렙, 톰 로시, 윌리엄 세일스, 폴 세클, 길
셀처, 앨빈 쇼, 아서 실스톤, 에이돌퍼스 "에이스" 심프슨, 레너드 심스,
아서 싱어, 조 스펜스, 제임스 스테그, 어빙 스템플, 딕 시러큐스, 밥
톰킨스, 조지 밴더 슬뤼스, 존 워커, 키스 윌리엄스, 스탠리 라이트, 토니
영, 브루스 질머.

다락방과 보관함을 뒤져 소중한 이의 작품, 사진, 글을 찾아내고,
스캔하고, 보내주신 참전군인의 가족들에게도 고맙다는 말씀을 드린다:

할리 앤더슨, 존 아넷, 베스 바럼, 조슬린 크레이그 벤자이아, 로자
블랜드, 앨리스 보차, 밥 보더스, 게일 보야잔, 캣 버틀러, 마타
콘트레라스, 딜런 크레이그, 네이트 달, 그레고리 다우드, 피터 다우드,
로이 에이콘, 클라우디아 펜더슨, 도널드 폭스 목사, 재닛 캐롤린 프리먼,
클리퍼드 해리스, 리처드 호블, 조너선 케인, 린 케네디, 글로리아 레이너,
스티븐 맥, 롭 마이어, 파멜라 패스토릭, 린다 필립스, 제임스 새슬로,
마이클 세일스, 잰 실, 킴 실, 앨 세클, 바트 쇼, 앨런 싱어, 폴 싱어, 캐롤
스펜스, 메리 스펜스, 프랜시스 스위가트-스테그, 리나 시러큐스,

안드레아 시러큐스-실버스틴, 제프 밴더 슬뤼스, 에리카 브라블.

아이린 블레이스, 피터 해링턴, 칼 F. 잭슨, 데이비드 하위, 케빈 콜로프, 제시카 커를, 짐 레빈, 밥 패튼, 스콧 패티, 에바 월터스, 폴 웨버에게도 감사드린다. 원고를 읽고 검토해준 로이 에이콘 미 육군 제병합동본부 전 연구개발본부장에게 특별히 감사의 마음을 전한다. 하지만 혹시라도 실수가 있는 경우 그 책임은 그가 아니라 우리에게 있다.

프린스턴 건축 출판사(Princeton Architectural Press), 특히 이 책을 응원해준 기획 편집자 새라 베이더, 원고 전체에 빈틈없고 신중한 코멘트를 달아준 프로젝트 편집자 새라 스테멘, 상세한 부분까지 꼼꼼하게 주의를 기울여준 교정교열 편집자 타냐 하인릭, 다듬어지지 않은 자료들을 예술품으로 바꿔낸 디자이너 벤저민 잉글리시에게 감사드린다. 그들이 힘을 합쳐 거의 완벽한 책을 만들어주었다.

이 책은 릭 바이어가 기획하고 감독하여 2013년 미국공영방송 PBS에서 처음 방영된 다큐멘터리 영화 「고스트 아미」를 바탕으로 발전시킨 것이다. 마사 개빈, 마크 토미자와, 재클린 셰리던을 비롯해 영화 제작에 참여한 모든 분께 감사드린다. PBS의 베스 호프, 카라 리벤슨, 에이미 르투르노, 찰스 셔호프, 잘린 헨튼 그리고 영화 제작과 '고스트 아미 디지털 아카이브' 개설을 도와준 후한 기부자들에 대한 감사도 잊을 수 없다.

이 책에 실린 미술작품들 가운데 다수는 과거에 몇 차례 열렸던 고스트 아미 미술전시회에 전시됐던 작품들이다. 도움을 주신 클레어 셰리던, 조앤 포타노비치와 로클랜드 카운티 역사협회 이사회, 그리고 캐롤 페리와 뉴욕 주 나이액 소재 에드워드 호퍼 하우스 아트센터 이사회에 감사드린다.

마지막으로 인내와 사랑으로 열렬히 지원을 아끼지 않은 우리의 배우자 마릴린 레아 바이어와 맷 다우에게 고마움을 표하고자 한다.

— 릭 바이어와 엘리자베스 세일스

옮긴이의 글

전쟁과 미술을 연관 지어 생각할 때 우리는 주로 전쟁을 묘사한 그림을 떠올린다. 그렇게 떠올린 그림은 웅장하고 영웅적인 역사 기록화일 수도 있고, 피카소의 '게르니카'처럼 참담하거나, 로이 리히텐슈타인의 폭격 맞는 비행기 그림처럼 풍자적일 수도 있다. 반면에 군대가 미술을 직접 전술에 응용한다거나, 예술가가 전장에 나가 예술가로서의 솜씨를 전투에 활용하는 이미지는 일반인의 머리에 쉽게 그려지지 않는다. 하지만 모든 전술에는 창의력과 상상력이 필요하다는 점을 고려하면 전쟁과 예술의 또 다른 연결 고리가 이해되기 시작한다.

이 책을 옮기는 동안 미국 추상미술가 엘즈워스 켈리가 세상을 떠났다. 20세기 미술사에 중요한 한 획을 긋고 2015년 12월 27일 92세로 타계한 켈리는 '고스트 아미' 대원이었다. 그는 고스트 아미에 복무하는 동안 미술가로서의 경험을 바탕으로 독일군을 속이기 위한 위장술을 수행했다. 동료 병사들 역시 화가 출신이거나 건축, 디자인 등에 경험 있는 사람들이었고, 시각 위장술과 함께 병행한 음향 위장술을 담당했던 동료들은 통신과 음향 분야의 전문가였다. 이들이 힘을 합쳐 펼친 작전은 전투라기보다는 일종의 연기이고 종합예술 '공연'이었다.

예술 분야와 전쟁에서의 위장술이 모종의 관계를 맺은 것은 이때가 처음은 아니다. 앞서 제1차 세계대전 때에도 피카소가 '그게 다 우리 덕분'이라고 주장했을 정도로 입체파 미술이 위장술에 영향을 주었다. 예컨대 제1차 세계대전 중에 영국군과 미군은 적군의 정확한 포격을 피하려는 목적으로 함선에 위장 페인트를 칠해 항해 방향이나 거리, 속도 등을 혼동시켰다. 독특한 방식으로 불규칙하게 구간을 나누어

다른 색을 칠하는 이 '대즐'(dazzle) 위장은 입체파의 특징을 역력히
드러냈다. 또한 반대로 그와 같은 창의적인 위장술은 당시 미술가들의
상상력을 자극하고 예술적 영감을 주었다.

제2차 세계대전에 이르면, 예술가들은 전쟁에 아예 직접 가담하게
된다. 시각기만술, 음향기만술을 전문적으로 구사할 예술가 출신
병사들로 구성된 미군 특별 부대도 창설된다. 이 부대가 바로 이 책의
소재가 된 고스트 아미. 이들의 활약이 연합군의 승전에 얼마나
보탬이 됐는지 정확히 계량해 평가하기는 어렵지만, 독일군 측 보고서
등 존재하는 자료에 따르면 일부 작전에 독일군이 완벽하게 속아
넘어갔다고 하니, 연합군의 인명 피해를 줄이는 데 일부 이바지했을
가능성은 충분하다.

'꾀로 적을 이기는 자는 힘으로 이기는 자만큼이나 칭송할 만하다.'
마키아벨리의 말이다. 그러나 칭송은커녕 종전과 함께 바로 이어진
냉전으로 자신이 몸담았던 부대에 관해 함구해야 했던 고스트 아미
출신 참전 군인들은 냉전이 끝나서야 비로소 그 특이했던 전쟁
경험담을 마음껏 풀어놓을 수 있었다. 이 책은 그 경험담과 그들이
남긴 그림을 모아 엮었다. 참전 군인들이 겸손하고 조심스럽게
털어놓는 이야기들은 우습기도 하고, 뭉클하기도 하고, 때로는
한심하기도 하고, 한마디로 지극히 인간적이다. 전장은 그런
인간적인—긍정적인 의미에서든 부정적인 의미에서든—것들이
한꺼번에 진하게 배어 나오는 일종의 무대다. 그 무대에서 펼쳐졌던
고스트 아미의 특별한 공연을, 여러분도 객석에 앉은 관객의 모드로
편안히 관람하셨으면 한다.

— 2016년 8월, 노시내

참고자료와 문헌

고스트 아미 대원 인터뷰

다큐멘터리 영화 「고스트 아미」와 이 책의 가장 중요한 정보출처는
제23본부 특수부대 출신 군인들이다. 2005~2012년에 릭 바이어는
부대원 22인을 인터뷰했다: 앨 앨브렛, 스파이크 베리, 에드 비오, 밥
콘래드, 빅터 다우드, 해럴드 플린, 네드 해리스, 존 자비, 잭 메이시,
버니 메이슨, 잭 맥글린, 스탠리 낸스, 조지 렙, 윌리엄 세일스, 길 셸처,
아서 실스톤, 에이돌퍼스 "에이스" 심프슨, 조 스펜스, 어빙 스템플, 딕
시러큐스, 밥 톰킨스, 존 워커.

추가 인터뷰

레이 베이컨(로드아일랜드 주 운소킷 소재 노동문화박물관 공동관장)
리오 버라넥 박사(하버드 대학교 전기음향연구소 전 소장)
웨슬리 클라크 장군(전 나토 최고사령관)
로이 에이콘(미 육군 제병합동본부 전 연구개발본부장)
조너선 건[『유럽 작전전구의 유령』(Ghosts of the ETO)의 저자]
테레사 리카드(US러버컴퍼니 전 피고용인), 직접 인터뷰한 내용
외에도 다큐영화감독 팀 그레이로부터 리카드와의 인터뷰 자료를
추가로 제공받았다.

미출간 서한과 원고

고스트 아미에 관한 가장 중요한 문헌은 프레드 폭스가 저술한
『제23본부 특수부대 공식 기록』이다. 메릴랜드 주 칼리지파크 소재
국립문서기록관리청에 보관된 이 문서는 전후 거의 40년간

기밀문서로 분류됐다. 아마 이제껏 미군 장교가 기록한 부대 공식 기록 가운데 가장 흥미진진한 문서일 것이다.

또 다른 중요한 정보 출처는 롤프 캠벨 상병이 부대원들의 협조를 얻어 기록한 '제406전투공병 특수중대 293전투공병대대 A중대의 역사'다. 매우 비공식적인 이 부대 역사 기록 원고는 제406전투공병 특수중대 지휘관이었던 조지 렙 소장이 제공했다.

빌 블라스의 어머니가 타자 작업한 밥 톰킨스의 손글씨 일기는 작전에 임하는 병사들의 생각과 감상을 당국의 검열을 거치지 않고 가감 없이 보여준다는 점에서 고스트 아미에 관한 1차 문헌 중에서도 특별하다. 톰킨스 본인이 흔쾌히 이 일기를 제공했다.

랄프 잉거솔은 고스트 아미와 맺었던 인연에 관해 자세한 기록을 남겼다. 이 미출간 원고는 랄프 잉거솔 컬렉션의 일부로서 보스턴 대학교 하워드 고틀리브 기록연구소에 소장되어 있다. 그를 인용한 부분은 대부분 이 문헌을 참고한 것이다.

해럴드 달, 프레드 폭스, 해럴드 레이너, 이 세 사람은 고스트 아미 대원 중에서도 특히 편지를 많이 남겼다. 해럴드 달이 어머니와 여동생에게 보낸 편지들을 딸 재닛 캐롤린 프리먼이 공들여 옮겨 적었는데, 그 원고가 거의 500쪽에 달했다. 프레드 폭스는 자기가 보냈던 편지를 모아 사이사이에 주를 달아 「인스턴트 부대」라는 제목의 원고를 작성했다. 그의 아들 도널드 폭스 목사가 이 원고를 제공했다. 해럴드 레이너의 서한들은 아내 글로리아 레이너로부터 제공받았다.

추가 서한과 원고

Anderson, William. "Code Name: Blarney, The Story About the 23d Hdqtrs. Spl. Troops." 미출간 원고. 저자 제공.

Dondelinger, Anny. Letter to Stanley Wright's father. May 20, 1945. Courtesy of James Saslow.

Eldredge, H. Wentworth. Partial autobiography. Milne Special
    Collections and Archives, University of New Hampshire Library,
    Durham, NH.
Geisel, Theodore. Wartime diary. November–December 1945. The Dr.
    Seuss Collection, Mandeville Special Collections, Geisel Library,
    University of California, San Diego.
Harris, Colonel William, Major Ralph Ingersoll, and Captain
    Wentworth Eldredge. "Informal Report by Special Plans Branch to
    Joint Security Control, 25 May, 1945." College Park, MD: National
    Archives.
The Laynor Foundation Museum. *An Artist Goes to War.* Documentary
    film about Harold Laynor. Gigantic Productions: 1992. Courtesy of
    Gloria Laynor.
Patton, Robert. "Fred Patton, His Family Biography and Life Story."
    미출간 원고. 저자 제공.
Simenson, Colonel Clifford. "World War II: My Story after Fifty Years."
    1995. Washington, DC: U.S. Army Center of Military History.
Wright, Stanley. Letter to his mother. May 8, 1945. Courtesy of James
    Saslow.

그 외에도 밥 톰킨스와 로드아일랜드 주 운소컷 소재
노동문화박물관으로부터 US러버컴퍼니 사보 「US」에 실린 기사들을
제공받았으며, 메릴랜드 주 칼리지파크 소재 국립문서기록관리청에
소장된 미국 육군의 메모와 보고서 그리고 로이 에이콘이 수집한 미군
메모와 보고서들을 참조했다.
    '고스트 아미 디지털 아카이브'에 추가적인 문서들을 모아놓았다.

기사

Arnett, John W. "The Ghost Army Days of Walter Arnett." Website of
    the Crescent Hill Baptist Church, Louisville, KY. Accessed January

16, 2013.

www.chbc-lky.org/arnettforest/wendell-ghostarmydays.htm

Boyanowski, Henry. "Ghost Army Fools Foe in Neatest Trick of War." *Worcester Daily Telegram.* August 29, 1945.

Dudley, Fred W. "Lowell Factory Made One of War's Most Fantastic Weapons." *Lowell Sun.* February 13, 1946.

Gyongy, Adrienne. "Faking Out the Enemy." *Prattfolio.* Fall 2008: 12~17.

Kronman, Mark. "The Deceptive Practices of the 23rd Special Headquarters, Special Troop during World War II." Aberdeen, MD: Aberdeen Proving Ground Tactical Operations Office(January 1978). Accessed through the U.S. Army Center of Military History.

New York Times. "Army Reveals use of 'Ghost Army' in War; Pneumatic Decoys Misled Foe, Won Battles." December 5, 1945.

Park, Edwards. "A Phantom Division Played a Role in Germany's Defeat." *Smithsonian* 16, no.1(April 1985): 138~47.

책

Blass, Bill, and Cathy Horyn. *Bare Blass.* New York: Harper Collins, 2003.

Blumenson, Martin. *The Patton Papers,* 1940~1945. Boston: Houghton Mifflin, 1974.

Delmer, Sefton. *The Counterfeit Spy.* New York: Harper&Row, 1971.

Deutsch, Harold C., and John Mendelsohn. *Basic Deception and the Normandy Invasion.* New York: Garl and Publishing, 1989.

Eisenhower, John. *The Bitter Woods: The Battle of the Bulge.* New York: G. P. Putnam's Sons, 1969.

Foote, Shelby. *The Civil War: A Narrative, Volume 1.* New York: Random House, 1958.

Ford, Mark Morgan. *America in Still Life: Barnett Greenberg.*

New York: Cap&Bells Press, 2012.

Gawne, Jonathan. *Ghosts of the ETO: American Tactical Deception Unites in the European Theater, 1944-1945.* Havertown, PA: Casemate Publishers, 2002.

Gerard Philip. *Secret Soldiers: The Story of World War II's Heroic Army of Deception.* New York: Dutton, 2002.

Gilmore, Donald L., ed. U.S. *Army Atlas of the European Theaterin World War II.* New York: Barnes&Noble Publishing, 2004.

Goossen, E. C. *Ellsworth Kelly.* New York: Museum of Modern Art, 1973.

Holt, Thaddeus. *The Deceivers: Allied Military Deception in the Second World War.* New York: Scribner, 2004.

Hoopes, Roy. *Ralph Ingersoll: A Biography.* New York: Atheneum, 1985.

McCullough, David. 1776. Dumfries, NC: Holt, McDougal, 2006.

Paun, Albert. *German Radio Intelligence and the Soldatensender.* Washington, DC: Department of the Army, Office of the Chief of Military History, 1950.

계급에 관한 주석

군대 계급은 진급과 강등이 모두 가능하며 상세한 부분까지 들어가면 불가사의하고 당황스럽다. 우리는 스토리텔링에 중점을 두기 위해 가능하면 계급 문제를 단순화하고자 노력했다. 대부분의 경우 우리는 해당 인물이 전쟁 중에 도달한 최상위 계급을 확인한 뒤 그 계급을 사용했다. 기술병의 경우(T/3-T/5) 좀 더 일반적으로 알려진 계급인 병장이나 상병으로 표기했다. Sergeant 계급의 경우, 하사(Staff Sergeant)냐 상사(First Sergeant)냐 병장이냐를 따로 구분하지 하지 않았다. 이 이야기에서 중요한 두 인물, 랄프 잉거솔과 프레드 폭스가 참전 중에 진급한 사실은 본문에 반영했다.

자료 제공

찾아보기

릭 바이어(Rick Beyer) 지음

작가, 다큐멘터리 영화감독. 「고스트 아미」를 비롯해 여러 편의 다큐멘터리 영화를 만들었다. 큰 인기를 모은 역사책 시리즈 '결코 들어보지 못한 위대한 이야기'(The Greatest Stories Never Told)의 저자로, 국내에는 그중 일부가 『풍부한 사진과 그림으로 보는 서프라이즈 세계사 100』『과학 편집광의 비밀 서재』라는 제목으로 소개되었다.

엘리자베스 세일스(Elizabeth Sayles) 지음

아동 도서 일러스트레이터이자 뉴욕 스쿨 오브 비주얼아트(SVA)와 뉴욕시립대 퀸스칼리지 겸임교수. 고스트 아미 출신인 아버지 윌리엄 세일스가 들려주는 부대의 일화를 들으며 자랐다. 릭 바이어와 함께 에드워드 호퍼 하우스 아트센터에서 열린 고스트 아미 전시회 큐레이터를 맡았다.

노시내 옮김

연세대학교에서 법학을 공부하고 조지워싱턴 대학에서 정책학 박사학위를 받았다. 미국, 일본, 오스트리아 등지를 떠돌며 20년 가까이 타국생활 중이다. 지금은 스위스 베른에 머물며 글을 짓거나 옮기고 있다. 『진정성이라는 거짓말』『자본주의를 의심하는 이들을 위한 경제학』 등의 책을 옮겼고, 『빈을 소개합니다』『스위스 방명록』을 썼다.

2011년 뉴욕 주 로클랜드 카운티 역사협회에서 열린 '고스트 아미 미술전' 개막식에 참석해 가짜 전차 앞에서 포즈를 취한 고스트 아미 출신 참전군인과 이 책의 저자들.
(왼쪽부터) 존 자비, 네드 해리스, 엘리자베스 세일스, 윌리엄 세일스, 릭 바이어.

고스트 아미
제2차 세계대전 일급비밀부대 이야기

릭 바이어, 엘리자베스 세일스 지음
노시내 옮김

초판 1쇄 인쇄 2016년 8월 24일
초판 1쇄 발행 2016년 8월 30일

발행인	정희경
편집장	박정현
편집	서성진
마케팅	최정이
디자인	오새날

발행처	도서출판 마티
출판등록	2005년 4월 13일
등록번호	제2005-22호
주소	서울시 마포구 동교로 12안길 31 2층(04029)
전화	02. 333. 3110
팩스	02. 333. 3169
이메일	matibook@naver.com
블로그	blog.naver.com/matibook
트위터	twitter.com/matibook

ISBN 979-11-86000-37-3 (03900)
값 18,000원